Jörg Knoblauch

Berufsstreß ade!

33 erprobte Strategien
für den beruflichen Alltag

Zeichnungen:
Werner »Tiki« Küstenmacher

R. BROCKHAUS VERLAG WUPPERTAL UND ZÜRICH

tempus.VERLAG GIENGEN

ABCteam-Bücher erscheinen in folgenden Verlagen:

Aussaat- und Schriftenmissions-Verlag Neukirchen-Vluyn
R. Brockhaus Verlag Wuppertal
Brunnen Verlag Gießen (und Brunnquell-Verlag)
Christliches Verlagshaus Stuttgart (und Evangelischer Missionsverlag)
Oncken Verlag Wuppertal und Kassel

Das Buch ist 1986 zum ersten Mal erschienen
beim Aussaat- und Schriftenmissions-Verlag Neukirchen-Vluyn
und wurde für diese Ausgabe geringfügig überarbeitet.

2. Auflage 1993

Umschlaggestaltung: Büro für Kommunikationsdesign, Heidenreich
Umschlaggrafik und Textzeichnungen: Werner Tiki Küstenmacher
Gesamtherstellung: Breklumer Druckerei Manfred Siegel KG
ISBN 3-417-12482-4 (R. Brockhaus)
ISBN 3-928807-01-3 (tempus.)

INHALT

Teil A:

Leiblich wachsen – Tun Sie etwas für Ihren Körper

Teil B:

Geistig wachsen – Tun Sie etwas für Ihren Geist

Teil C:

Geistlich wachsen – Tun Sie etwas für Ihre Seele

Teil A

Leiblich wachsen – Tun Sie etwas für Ihren Körper

1. Streß – was ist das?

Stressen Sie sich gesund!

Klagen über zuviel Streß

»Das ist wieder ein Streß heute!« – Das sagen laut einer Umfrage des Emnid-Instituts 32 Prozent der deutschen Arbeitnehmer (bei Beamten sind es 54 Prozent). Westdeutschlands Fluglotsen legen den Luftverkehr halb lahm und klagen vor den Fernsehkameras über Streß. Hans Seyle, der Streßexperte Nr. 1, hat 35 Bücher und über tausend Artikel zum Thema Streß geschrieben. Und dies in einer Zeit, wo doch alles so schnell und problemlos geht. Die Suppe kommt aus dem Päckchen und ist in drei Minuten fertig, und beim Löffeln kann man sich gleich die Kurznachrichten anhören.

Rennpferde und Schildkröten

Bevor wir in das Thema einsteigen, wollen wir festhalten, daß es zwei Grundtypen von Menschen gibt: »Rennpferde«, die im Streß gedeihen und für die Aktivität und Hektik lebenswichtig sind, und »Schildkröten«, die Ruhe, Frieden und eine allgemein beschauliche Umwelt brauchen. Dies wiederum ist etwas, was die meisten Rennpferde auf die Palme bringt. Rennpferde können sich nichts Schlimmeres vorstellen, als im Urlaub unbeschäftigt am Strand liegen zu müssen. Genau das wiederum finden viele Menschen erstrebenswert.

Sollte man sich also mehr Muße gönnen, um Streß zu vermeiden? Wenn Sie ein Rennpferd sind, macht Ihnen Überarbeitung oder übermäßiger Ehrgeiz nichts aus.

Bleibt die Frage: Was für ein Typ sind Sie?

Aber beginnen wir von vorne

Definition von Streß

Das englische Wort »Streß« entstammt dem Vokabular der Physik, wo der Begriff »Streß« den physikalischen Druck bezeichnet, der auf einen Körper ausgeübt wird oder zwischen Teilen dieses Körpers besteht. Kommt es infolge des Drucks zu einer Deformation, spricht man von der »Belastung«. Der Wiener Mediziner Hans Seyle hat sich mit dem Phänomen »Streß« beschäftigt. Er hat den Begriff 1936 der Physik entlehnt und in die Medizin eingeführt. Seyle sagt einmal: »Ein Leben ganz ohne Streß ist der Tod. Streß muß sein, auch wenn das verrückt klingt.« »Streß« ist nicht nur negativ, lebensbedrohend und krankmachend. Nein, wir haben in uns einen Verteidigungsmechanismus und Energiespender, der sich als lebensfördernder Faktor erweist. Darum bedeutet »positiver Streß« (Eustreß) Herausforderung, Antrieb, Hilfe in allen Lebenslagen.

EUSTRESS

Während wir vor wenigen Jahren noch glaubten, daß Überforderung frühzeitig alt mache, behaupten die Forscher heute das Gegenteil.

Positiver Streß hält jung

Wenn die Arbeit der betreffenden Person Freude macht, dann hält »Streß« jung. »Streß« verlängert das Leben. Einwandfrei wurde an Lebensläufen hundertjähriger Personen nachgewiesen, daß sich »Streß« lebensfördernd auswirkt.

Negativer Streß macht krank

Aber auch das andere ist richtig: »Negativer Streß« (Distreß) ist zum Krankheitsfaktor erster Ordnung geworden. Wir sprechen heute vom Schulstreß, Berufsstreß, Leistungsstreß, Konfliktstreß. Wenn das Schutzsystem, von dem wir vorher gesprochen haben, sich in ständiger Alarmbereitschaft befindet, wenn wir ein pausenloses Trommelfeuer von Umweltreizen über uns ergehen lassen müssen, wenn der Erfolg permanent und hart erkämpft werden muß, dann ist dies eine Überbelastung des lebensnotwendigen Systems. Irgendwann versagen dann die biologischen Funktionen des Menschen. Der Bogen, der dauernd gespannt ist, wird eines Tages überspannt und läßt sich nicht mehr entspannen. Dann ist ein Regenerieren nicht mehr möglich. Krankheit und Zusammenbruch stellen sich ein.

Was Streßreize bewirken

Jeder Reiz, jede Gemütsbewegung verursacht bekanntlich Streß. Die Antwort des Körpers ist jedesmal eine Mo-

bilisierung von Kräften. Jeder »Stressor« bewirkt also eine Mobilisierung von Kräften. Ein solcher »Stressor« ist z.B. Hunger, aber auch wenn Sie zuviel gegessen haben; Ärger ist ein solcher Stressor, aber auch Freude. Ob Sie wütend sind oder mit quietschenden Reifen durch die Kurven fahren – die Antwort ist jedesmal eine Mobilisierung von Kräften. Hans Seyle unterscheidet hier drei Phasen:

1. Das »Alarmstadium«

Alarmstadium stimmt Körper auf Angriff oder Flucht

Ein Umweltreiz (= ein Stressor), also Angst oder eine Täuschung oder eine psychische Belastung haben den Körper in ein Alarmstadium versetzt. Blitzschnell werden alle verfügbaren Kräfte alarmiert. Die totale Mobilmachung tritt ein. Langsam, über das Zwischenhirn und das vegetative Nervensystem wird die Nebenniere aktiviert. Der Organismus ist jetzt in Hochform, Sie sind jetzt ganz auf »Angriff« oder auf »Flucht« programmiert. – Ein Mensch, der viel Bewegung hat oder sich durch Sport körperlich betätigt, kann diese Energien systematisch wieder abbauen.

2. Das »Widerstandsstadium«

Widerstandsstadium hält nur begrenzt

Lassen die Überanstrengung und Überbelastung nicht nach und wird auch nicht für genügend Bewegung zum Abbau dieser aufgebauten Energiereserven gesorgt, so müssen wir erleben, daß die Widerstandskraft des Körpers irgendwo begrenzt ist. Kein Organismus ist in der Lage, über einen längeren Zeitraum die Reaktion auf ein Bündel von »Stressoren« abzuwehren.

3. Das »Erschöpfungsstadium«

Erschöpfungsstadium – die Reserven sind erschöpft

Wenn das Trommelfeuer der Streßreize weitergeht, bricht irgendwann der Widerstand zusammen und die Erschöpfung setzt ein. Eine Anpassung gelingt nicht mehr, die Reserven sind verbraucht. Der Mensch hat einen nicht mehr gutzumachenden Schaden davongetragen.

Nun hat jeder Mensch ein unterschiedliches Quantum »Anpassungsenergie« bei seiner Geburt mitbekommen.

Aber auch die Erziehung entscheidet mit, wieviel dieser

Anpassungsenergie ein Mensch hat. Wer ein Kind von klein auf fordert, fördert damit seine Widerstandskraft in bezug auf Streßanfälligkeit und stärkt den oben beschriebenen Anpassungsmechanismus.

Jeder Mensch hat eine gewisse Anpassungsenergie

Überforderung bedeutet also, daß sich die überforderte Person nicht an eine der Grundregeln des Lebens gehalten, ja gegen ein Naturgesetz verstoßen hat. Die Natur gibt jedem Menschen ein gewisses Maß an Anpassungsenergie. Nun hat er mehr verbraucht, als ihm zur Verfügung stand. Da die Natur dieses »Energiekonto« nicht überziehen kann, erfolgt der Zusammenbruch.

Überforderung führt zum Zusammenbruch

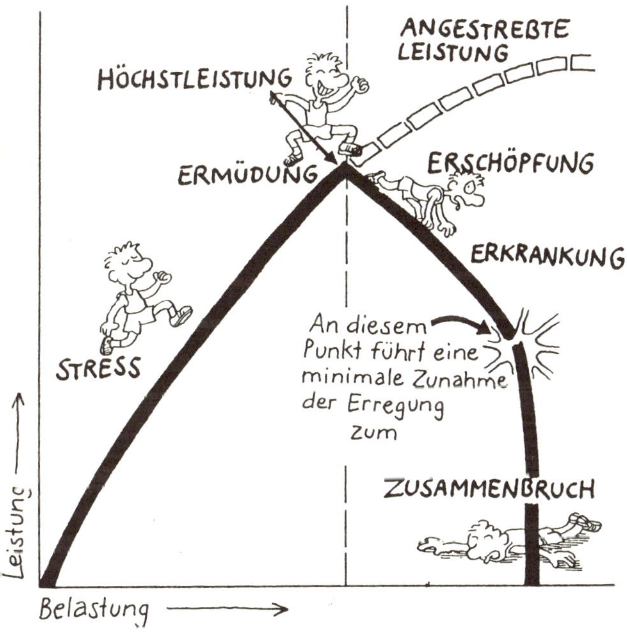

Bei zunehmender Belastung steigert sich auch die Leistung. Wir alle wissen, zu welcher Spitzenleistung wir unter Druck fähig werden. Nimmt der Druck weiter zu, führt dies zu Erschöpfung und schließlich zum totalen Zusammenbruch.

Druck bewirkt Höchstleistung

Wenn eine Arbeit wegen eines Zeitlimits unbedingt fertiggestellt werden muß, sind wir zu Höchstleistungen fähig. Allerdings: Es gibt die Situation, in der, wenn der Streß noch weiter zunimmt, die Leistung schlagartig abnimmt. Beispiel ist der Schüler, der in einer Prüfungssituation plötzlich versagt. Diese Gesetzmäßigkeit nennt man auch das »Yerks-Dodsen-Gesetz«.

Streßskala

Eine von amerikanischen Wissenschaftlern entwickelte Streßskala:

Situation	Streßpunkte
Tod des Ehepartners	100
Scheidung	73
Trennung der Ehepartner	65
Gefängnisaufenthalt	63
Tod eines Familienangehörigen	63
Eigene Verletzung oder Krankheit	53
Heirat	50
Verlust des Arbeitsplatzes	47
Versöhnung mit Ehepartner	45
Eintritt in den Ruhestand	45
Krankheit in der Familie	44
Schwangerschaft	40
Eigene sexuelle Probleme	39
Geburt eines Kindes (Familienzuwachs)	39
Geschäftliche Umorganisation	39
Veränderte persönliche Finanzen	38
Tod eines nahen Freundes	37
Berufswechsel	36
Mehr oder weniger Streit mit Ehepartner	35
Hypothek über 50 000 Mark	31
Kündigung von Hypothek oder Kredit	30
Veränderte Verantwortung im Beruf	29
Kind verläßt das Haus	29
Ärger mit der Familie des Ehepartners	29

Situation	Streßpunkte
Außergewöhnlicher persönlicher Erfolg	28
Frau hört auf oder beginnt zu arbeiten	26
Beginn oder Abschluß der Schulausbildung	26
Veränderte Lebensumstände	25
Änderung der persönlichen Gewohnheiten	24
Ärger mit dem Chef	23
Veränderte Arbeitsbedingungen	20
Wohnungswechsel	20
Schulwechsel	20
Veränderte Freizeitgewohnheiten	19
Änderung der kirchlichen Aktivitäten	19
Veränderter gesellschaftlicher Umgang	18
Hypothek oder Kredit unter 50 000 Mark	17
Veränderte Schlafgewohnheiten	16
mehr o. weniger Familientreffen	15
Veränderte Eßgewohnheiten	15
Urlaub	13
Weihnachten	12
Geringfügiger Gesetzesverstoß	11

Um diese Tabelle zu erstellen, wurden 5000 Menschen interviewt. Es wurde dann beobachtet, daß Testpersonen, die weniger als 150 Punkte hatten, nur zu einem Drittel in den nächsten zwei Jahren ernsthaft erkrankten. Die untersuchten Personen, die zwischen 150 und 300 Punkte hatten, erkrankten zu 50 % innerhalb der nächsten drei Jahre. Bei Testpersonen mit mehr als 300 Punkten erhöhte sich die Gefahr der Erkrankung auf 80 bis 90 Prozent.

Wie streßanfällig bin ich?

Wie gesagt, es gibt »Rennpferde« unter uns, die unter Streßeinwirkung nur noch besser werden, und es gibt »Schildkröten«, die sich nicht leicht in geistige und körperliche Alarmbereitschaft bringen lassen. Die Tabelle sollte Sie deshalb nicht zu sehr beeindrucken. Der angeblich so sehr vom Streß zermürbte und damit ständig vom Herzinfarkt bedrohte Manager hat eine höhere Lebenserwartung als viele andere Berufsgruppen. Führungskräfte erreichen immerhin ein Durchschnittsalter von 76 Jahren, ungelernte Arbeiter hingegen nur 68 Jahre.

Nur Sie selbst wissen, was Ihnen guttut. Streß zu erkennen ist nicht schwer, wenn man sich selbst nur aufmerksam beobachtet.

2. Stärke und Situation müssen zusammenpassen

Verschleißen Sie sich nicht im falschen Job!

Persönlichkeit und Beruf müssen zusammenpassen

Niemand würde sich mit einem Geländewagen auf den Nürburgring begeben oder mit einem Sportwagen über Stock und Stein rasen. Inwieweit jedoch eine bestimmte Persönlichkeitsstruktur zum jeweilig ausgeübten Beruf paßt, ist für viele Menschen eine unbeantwortete Frage. Deshalb dürfen Sie sich auch nicht wundern, wenn Sie sich im falschen Job verschleißen.

Erfolgspersönlichkeiten gibt es nicht

Die Frage: Warum sind manche Menschen erfolgreicher als andere? ist damit beantwortet. Die genau beschreibbare »Erfolgspersönlichkeit« gibt es nicht. Auch den »idealen«

Vorgesetzten oder den »idealen« Verkäufer gibt es nicht. So gibt es auch nicht den »richtigen« Führungsstil oder die »optimale« Verkaufstechnik.

Ganz man selbst sein bringt Erfolg

Erfolgreiche Menschen haben ihren ganz persönlichen Stil. Sie wenden Mittel und Methoden an und suchen Situationen, die genau zu ihnen passen. Vor kurzem war ich auf einer Konferenz in Taiwan, wo zehn herausragende jüngere Persönlichkeiten für ihre außerordentlichen Leistungen geehrt wurden. Keiner der Geehrten war über 40 Jahre alt. Leute wie Kennedy und Kissinger wurden von dieser Organisation schon in ihren dreißiger und vierziger Jahren ausgezeichnet. Dabei fiel auf, daß jeder der Geehrten, egal ob der Bürgermeister aus Texas oder der Politiker aus Indien – ganz er selbst war. Die »Stimmigkeit« ihrer Person wirkte echt und überzeugend und brachte ihnen Erfolg. Diese Menschen versuchten nicht, Rollen zu spielen, in die sie nicht hineinpaßten.

Darum soll es in diesem Kapitel gehen: sich selbst richtig zu erkennen und seine Rolle zu finden – damit Sie sich nicht im falschen Job verschleißen.

»Und hier unser Experte für Mikroprozessoren.«

Was sind natürliche Fähigkeiten, Stärken und Schwächen?

Stärken sind Schwächen und umgekehrt

Sie alle kennen Aussprüche wie »er ist ein Musik-Genie« oder »er ist stark in Mathematik« oder »der geborene Sportler«. Hier handelt es sich um »natürliche« oder »angeborene« Fähigkeiten. Der eine will menschliche Nähe, der andere will Distanz. Der eine ist impulsiv und entscheidungsfreudig, der andere ist zögernd, verschleppt Entscheidungen und sucht nach immer weiteren Beweisen. Diese Gaben werden uns ungefragt in die Wiege gelegt. Aus der Aufzählung wird schon deutlich, daß es sich dabei nicht nur um Stärken handelt. Stärken sind immer zugleich auch Schwächen. Paracelsus sagte vor 400 Jahren: »Nichts ist Gift, und es gibt nichts, das nicht Gift ist. Nur die Dosis macht es zum Gift.« Das heißt, wenn man eine Stärke bis ins Extrem ausnutzt, wird sie zur Schwäche.

Beispiel 1

Wer gerne Herausforderungen annimmt, gerne Probleme löst und dies zu Recht als seine Stärke sieht, hat damit bereits auch seine Schwäche beschrieben. In der Regel ist er kontaktarm und kein guter Zuhörer.

Beispiel 2

Wer ein »Gespür« für Menschen hat, wer schnell Kontakt findet und deshalb auch beliebt ist, kann sich über diese Stärken freuen. Die Schwächen werden aber auch deutlich: Wenn der Kontakt zu eng wird, ist man oft im Netz persönlicher Beziehungen gefangen und damit menschlich erpreßbar. Ziele werden oft den harmonischen Beziehungen geopfert.

Beispiel 3

Die Stärke der Entschlußfreudigkeit ist nahe an der Schwäche der Voreiligkeit. Die Stärke einer natürlichen Autorität kann schnell in Durchsetzungswillen abgleiten. Die Stärke, perfekte Entscheidungen zu treffen, ist nahe an der Schwäche der Entscheidungsunfähigkeit, weil man sich für keine von zwei Möglichkeiten entscheiden kann.

Schwächen helfen Gott zu vertrauen

Gott will uns so, wie wir sind – mit unseren Stärken und Schwächen. Und sind es nicht gerade unsere Schwächen, die uns herausfordern, Gott zu vertrauen? Paulus hat gelernt, sich mit seinen Schwächen Gott zu überlassen. Er sagte: »Darum bin ich guten Mutes in Schwachheit« (2. Kor. 12,10).

Wie erkennt man natürliche Fähigkeiten?

Begabungen herausfinden

Wer seine Begabungen herausfinden will, braucht sich nur folgende Fragen zu stellen.

- Was tue ich gerne?
- Was tue ich gut?
- Was schätzen andere an mir?

Wenn man die Antworten auf diese Fragen aufschreibt und immer wieder ergänzt, weiß man schon eine ganze Menge. Sicher haben die Stärken auch sehr viel mit der Kindheit zu tun. Ältere Kinder, die für jüngere sorgen mußten, neigen z.B. dazu, Führungsqualitäten zu entwikkeln. Trotzdem glaube ich nicht, daß wir groß in die Geschichte unserer Eltern und Großeltern (Erfolge, Begabungen, Krankheiten, Ernährung usw.) oder zu unseren Kindheitserlebnissen vordringen müssen, um mehr über uns selbst zu erfahren.

Hilfsmittel

Hingewiesen sei auf eine interessante Möglichkeit, sein eigenes Persönlichkeits-Profil zu erstellen.

Das Persönlichkeits-Profil hilft Ihnen zu einer richtigen Einschätzung Ihres Typs, um in Familie, Beruf und Gemeinde Beziehungen ausbauen und vertiefen zu können (DISG-Training, Postfach 1420, W-7928 Giengen; DM 48,-).

»Damit es gerecht zugeht, erhalten Sie alle die gleiche Prüfungsaufgabe: Klettern Sie auf diesen Baum!«

Wenn Sie versuchen, sich selbst zu erkennen, werden Sie vielfach belohnt:

Selbsterkenntnis lohnt

- Sie bekommen Einblick in Ihre Möglichkeiten und Grenzen und lernen dadurch, Ihre Erfolge zu steigern und Mißerfolge zu vermeiden. Stärken können ausgebaut werden.
- Durch das Kennenlernen Ihrer Stärken werden Sie selbstsicher. Wer sich kennt, kennt auch andere und wird damit sensibler für das Verhalten der anderen.
- Ein Kennzeichen erfolgreicher Menschen ist es, daß sie ihre Stärken kennen und ganz sie selbst sind. Sie ahmen keine fremden Vorbilder nach, deren Stärken vielleicht ganz woanders liegen, sondern ihr Verhalten entspricht den Grundzügen ihrer Persönlichkeit.

Wie entwickelt man natürliche Fähigkeiten?

Selbstanalyse ist der Anfang

Wer durch Selbstanalyse seine natürlichen Fähigkeiten erkannt hat, hat eine Art Baugrunduntersuchung gemacht. Damit ist noch nicht das Fundament ausgehoben und damit steht auch das Bauwerk noch nicht. Auf jeden Fall wissen Sie jetzt, wie tragfähig der Untergrund ist und wie stark Sie ihn belasten können.

Selbstanalyse hilft den Schwachpunkt zu finden

In einem anderen Bild gesprochen: Eine solche Analyse hilft Ihnen, das schwächste Glied in der Kette zu finden. Wenn ich herausfinde, daß alle Kettenglieder mit 500 Kilo belastbar sind, aber eines dazwischen ist nur mit 50 Kilo belastbar, dann weiß ich, daß ich hier Abhilfe schaffen muß, weil von diesem Punkt jetzt alles abhängt.

Gezielt Stärken einsetzen

Dort, wo Ihre Stärken sind, sollten Sie sich engagieren und Herausforderungen annehmen. Warum sich an dieser Stelle nicht auch überfordern lassen? Schließlich geschieht die Überforderung ja an einer Stelle, wo Ihre Stärke liegt. Wenn Sie so gezielt Ihre Stärken einsetzen, entwickeln Sie sich in die Tiefe und nicht in die Breite. Dadurch werden Sie selbstsicherer und für ihre Mitmenschen angenehmer im Umgang.

Der ideale Job – Stärke und Situation müssen übereinstimmen

Es gibt keine schlechten Mitarbeiter

Den schlechten Mitarbeiter, von dem wir so oft reden, gibt es nicht. Es gibt allerdings den Mitarbeiter, der mit der falschen Aufgabe betraut wurde und deswegen keine zufriedenstellenden Ergebnisse bringen kann. Mit anderen Worten: Jeder hat Stärken. Nun geht es darum, diese Stärken mit einer Situation zusammenzubringen, die sich optimal an diesen Stärken orientiert.

Paulus, Barnabas und Johannes Markus

Ein Beispiel verdeutlicht dies: Als Paulus zur ersten Missionsreise aufbrach, hatte er das große Ziel der Missionierung des Römischen Reiches vor sich. Paulus war jedoch nicht allein, mit ihm waren Barnabas und der junge Johannes Markus. »Da sprach der heilige Geist: Sondert mir aus Barnabas und Saulus zu dem Werk, dazu ich sie berufen habe« (Apg. 13,2). »Sie hatten aber auch Johannes Markus zum Gehilfen« (Apg. 13,5). Johannes Markus hat offensichtlich die Erwartungen des Paulus nicht befriedigt, denn als es um die zweite Missionsreise ging, weigerte sich Paulus, Johannes Markus noch einmal mitzunehmen. Später in der Apostelgeschichte heißt es jedoch, daß Paulus ausdrücklich den Johannes Markus anfordert, weil er ihn braucht. Wie konnte das geschehen? Während Paulus sehr stark zielorientiert war, war Barnabas menschenorientiert.

Er hat sich mit dem Johannes Markus verstanden. Offensichtlich hatte Barnabas auch die Gabe, Mitarbeiter zu schulen. Jedenfalls war Johannes Markus für Paulus und dessen Situation brauchbar, nachdem er diese Schule durchlaufen hatte.

Es gibt also keinen schlechten Mitarbeiter, es gibt aber einen schlecht ausgebildeten oder einen falsch eingesetzten Mitarbeiter.

Machen Sie sich mit Ihren Stärken und Schwächen vertraut

Wenn Sie sich Ihre Stärken und die Situation in Ihrer Firma, in Ihrer Ehe, im Verein und in der Gemeinde bewußt gemacht haben, dann wissen Sie plötzlich, warum bestimmte Dinge gelingen und anderes nicht gelingt. Sie wissen plötzlich, wieviel Anerkennung Sie brauchen, um motiviert zu sein, und Sie wissen, wieviel Anerkennung der andere braucht. Vielleicht braucht der andere aber auch gar keine Anerkennung, sondern nur eine große Herausforderung durch Sie oder möchte einfach, daß Sie Zeit für ihn haben. Wenn Sie Druck ausüben, weil das Ihre Art ist, wird der eine Mitarbeiter nachgeben und ausweichen, ein anderer wird beherrschend und widerborstig werden und ein Dritter ist vielleicht persönlich beleidigt.

Je besser Sie also sich und andere mit Ihren Stärken und Schwächen kennen, desto besser können Sie entscheiden, wie Sie sich selbst und andere zur optimalen Entfaltung bringen.

Im Beruf Stärke und Situation zusammenbringen

Vielleicht ist Ihnen klargeworden, daß Sie im Moment Aufgaben betreuen, für die Sie nicht geeignet sind. Dann sollten Sie sich vor einem Wechsel der Arbeitsstelle nicht scheuen. Wenn sie nicht geeignet sind, Oberstufenschüler zu unterrichten, dann versuchen Sie es doch einmal mit einer anderen Altersgruppe oder mit einem ganz anderen Aufgabenbereich. Wenn Sie schlecht mit Personen umgehen können, aber Ihre Arbeitsstelle nun einmal Personalverantwortung beinhaltet, dann suchen Sie sich eine Stelle, wo Sie als hochkarätiger Einzelkämpfer das gleiche verdienen können.

(In Kapitel 24 »Gaben entdecken – Begabungen leben« wird der Unterschied zwischen natürlichen Fähigkeiten, wie in diesem Kapitel beschrieben, und Geistesgaben erläutert.)

3. Unsere Nahrung – unser Schicksal

Gesundsein macht Spaß

Motto – gesund leben

Unsere Gesundheit zählt mit zu den höchsten Gütern, die uns die Natur verliehen hat und die es zu erhalten gilt!

Krebs, Herzinfarkt und vor allem die Fettleibigkeit sind die großen Krankheiten unserer Zeit, gegen die wir zum Teil in erheblichem Maße vorbeugen können. »Gesund leben« lautet das Motto. Durch gesunde Ernährung, ausreichende Bewegung und vorsichtigen Umgang mit Alkohol und Tabak ist uns ein entscheidender Einfluß auf unsere Gesundheit möglich.

1. Gesunde Ernährung

Vernünftige Ernährung

Achten Sie darauf, daß Sie sich vernünftig ernähren. Fragen Sie sich öfter:

– Was muß ich haben?

– Worauf kann ich verzichten?

Sie sollten täglich so viele Kalorien zu sich nehmen wie Ihr Körper tatsächlich verbraucht.

Energie-Bedarf verschiedener Altersgruppen

Verbrauchergruppe	*Energiebedarf* nach Kalorien kcal	nach Joule kJ
Erwachsene mit leichter Tätigkeit männlich 25 Jahre männlich 45 Jahre männlich 65 Jahre weiblich 25 Jahre weiblich 45 Jahre weiblich 65 Jahre	 2550 2400 2250 2200 2100 2000	 10675 10050 9420 9200 8800 8375
Für Hausarbeit zusätzlich	500-600	2100-2500
Mittelschwerarbeiter Mehrbedarf je Arbeitsstunde männlich weiblich	 75-150 60-120	 315-630 250-500
Schwerarbeiter Mehrbedarf je Arbeitsstunde männlich weiblich	 150-225 120 u. mehr	 625-950 500 u. mehr
Schwerstarbeiter Mehrbedarf je Arbeitsstunde männlich	 225 u. mehr	 940 u. mehr
Werdende Mütter bis Ende 5. Monat ab 6. Monat	 2400 2880	 10500 12040

Folgende Tips helfen Ihnen weiter:

- Täglich frisches Obst und Gemüse.
- Mehr Kräuter und Gewürze – weniger Salz.
- Fünf kleine Mahlzeiten sind besser als drei große.
- Bereiten Sie die Mahlzeiten fettarm und vitaminschonend zu.
- Gehen Sie nicht ohne Frühstück aus dem Haus.
- Nehmen Sie abends nur eine leichte Mahlzeit ein.

Vitamine und Mineralien

Bei vitamin- und mineralstoffreicher Kost brauchen Sie sich nicht zurückzuhalten, denn diese und weitere Nährstoffe sind Bausteine für den gesamten Organismus. Obst, Gemüse, Vollkornprodukte und Milcherzeugnisse gewährleisten eine ausreichende Zufuhr dieser Aufbaustoffe.

Vitamin A: Leber, Nieren, Butter, vitaminierte Margarine, Eigelb, Aal, Camembert;

Vitamin B1: Schweinefleisch, Herz, Schinken, Haferflocken, reife Hülsenfrüchte, Vollkornbrot, Hefe;

Vitamin B2: Leber und sonstige Innereien, Käse, Hefe, Milch, Leberwurst;

Vitamin C: Petersilie, schwarze Johannisbeeren, Paprikaschoten, Kohlarten, Erdbeeren, Zitrusfrüchte, Tomaten, Kartoffeln, Sauerkraut und andere Obst- und Gemüsearten.

Der *Kalzium*bedarf kann nur durch ausreichenden Verzehr von Milch und Milchprodukten gedeckt werden. Reich an Eisen sind: Leber, Nieren, Eigelb, Hülsenfrüchte, Leberwurst und Spinat.

Achten Sie auch auf Ihr Körpergewicht und kontrollieren Sie dieses regelmäßig. Es soll Ihnen ein Anhaltspunkt für Ihre Ernährungsgewohnheiten sein.

Prüfen Sie Ihr Körpergewicht

Anhaltswerte zur Gewichtskontrolle

Für Männer			Für Frauen		
Größe cm	Min. kg	Max. kg	Größe cm	Min. kg	Max. kg
155	50,4	58,2	155	46,9	54,9
160	53,7	63,0	160	49,5	57,9
165	57,0	67,6	165	52,4	61,2
170	60,4	72,3	170	55,5	64,5
175	63,8	76,6	175	58,6	68,1
180	67,2	80,3	180	61,8	72,1
185	70,6	84,0	185	64,9	76,1

2. Ausreichende Bewegung

Neben der falschen Ernährung gehört der Bewegungsmangel und die daraus resultierenden Folgen zu den modernen Volkskrankheiten. Faulheit kostet viel Geld. Etwa 65 Milliarden Mark Ausgaben jährlich für Krankheitskosten und Aufwendungen sind auf Bewegungsmangel zurückzuführen.

Volkskrankheit: Bewegungsmangel

Wir sitzen ständig
- hinter dem Steuer unseres Autos,
- hinter dem Schreibtisch,
- vor dem Bildschirm.

Die täglichen Anforderungen an unseren Körper haben sich im Verlauf der Zeit zwar sehr wesentlich geändert, doch folgende biologische Grundregel hat sich seit Beginn der Menschheit nicht verändert: »Struktur und Leistungsfähigkeit eines Organs werden bestimmt von Qualität und Quantität seiner Beanspruchung.«

3. *Vorsichtiger Umgang mit Alkohol und Tabletten*

Alkohol und Rauchen sind Gift

Alkohol und Rauchen sind Feinde Ihrer Gesundheit. Alkoholismus zählt neben Herzleiden, Krebs und psychischen Erkrankungen zu den am häufigsten vorkommenden Volkskrankheiten. Es bedarf heute keines Beweises mehr, daß Rauchen Organe und Gewebe unseres Körpers schädigt.

Lassen Sie Ihre Zigaretten nicht auf dem Schreibtisch liegen. Je weiter Sie abends Ihre Rauchutensilien wegräumen, desto einfacher fällt es Ihnen, abstinent zu bleiben.

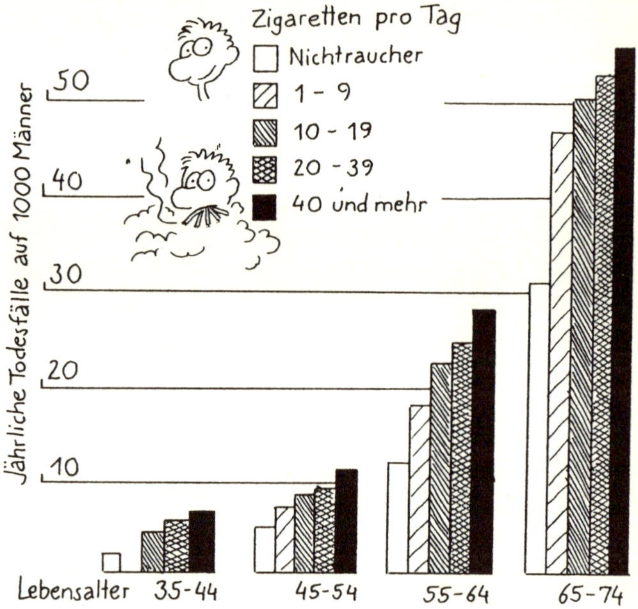

Todesfälle von Rauchern und Nichtrauchern

Kilo-Joule-Tabelle kJ je 100 Gramm, je Einheit, je Portion (Angaben ohne Gewähr)

Brot, Backwerk	kJ	Kcal.
Brot (Scheibe)	360	90
Brötchen(1)	400	100
Keks (1)	100	25
Knäckebrot (Scheibe)	160	40
Toast (Scheibe)	240	60
Torte, Creme-(Stück)	2000	500
Torte, Obst- (Stück)	1000	250
Eier		
Ei, roh (1)	280	70
Ei, gebraten (1)	440	110
Ei, gekocht (1)	320	80
Fleisch		
Hähnchen, Brat-(1/2)	880	220
Kalb, gebraten	480	120
Leber, Kalbs-, gebraten	840	210
Rind, gekocht	680	170
Schwein, gebraten	1120	280
Wild, Gulasch	520	130
Gemüse, Salat		
Blumenkohl	100	25
Bohnen, grüne	120	30
Erbsen, frische	320	80
Gurken	40	10
Kartoffeln, Brat-	600	150
Kartoffeln, gekocht	440	110
Pilze	100	25
Salat, grüner	60	15
Sauerkraut, roh	120	30
Spargel	60	15
Spinat	80	20
Tomaten	80	20
Getränke		
Bier (kleines Glas)	360	80
Kaffee, Tee (ohne alles)	0	-
Kognak (Glas)	440	110
Likör (Glas)	400-500	ca. 100
Saft, Orangen-(Glas)	200	50
Sekt (Glas)	280	70
Wein, Rot (Glas)	340	85
Wein, Süß (Glas)	500	150
Wein, Weiß (Glas)	300	75
Mehl, Getreide		
Haferflocken, roh	1500	375
Mehl, Weizen	1440	360
Reis, gekocht	1400	350
Teigwaren, gekocht	600	150

Fett	kJ	Kcal.
Butter, Margarine	3000	750
Öl, Oliven-	3600	900
Schmalz, Schweine-	3800	950
Speck, fett	3200	800
Fisch		
Aal, geräuchert	1200	300
Forelle	360	90
Hering, Matjes	720	180
Krabben	320	80
Ölsardinen, abgetropft	1000	250
Seefisch, gekocht	320	80
Milch, Käse		
Joghurt (Becher)	240-360	ca. 75
Käse (10-45%F.)	400-1400	100-350
Milch, Dosen- (Löffel)	40	10
Milch, Voll- (Glas)	520	130
Quark, Speise-, mager	360	90
Schlagsahne (Portion)	600	150
Obst, Früchte		
Apfel, mittelgroß (1)	240	60
Apfelsine, mittelgroß (1)	200	50
Banane, mittelgroß (1)	440	110
Birne, mittelgroß (1)	240	60
Kirschen	240	60
Nüsse	2600	650
Pflaumen, frische	240	60
Rosinen	1200	300
Weintrauben	280	70
Suppen		
Bohnensuppe (Teller)	1000	250
Erbsensuppe (Teller)	640	160
Fleischbrühe (Tasse)	120	30
Gemüsesuppe (Teller)	440	110
Nudelsuppe (Teller)	480	120
Süßwaren		
Eis, Speise, (Portion)	1200	300
Honig (Teelöffel)	120	30
Marmelade (Teelöffel)	100	25
Schokolade, Vollmilch	2200	550
Zucker, Würfel (1)	80	20
Wurst, Aufschnitt		
Blutwurst	1520	380
Dosenwürstchen	1120	280
Fleischwurst	1000	250
Hartwurst	1800-2200	450-550
Leberwurst, mager	1120	280
Schinken, roh	1320	330

Kalorienarme Nahrungsmittel je 100 g bzw. je Einheit (alphabetisch)

	kJ	Kcal.
Apfel	240	60
Austern, 6 Stück	500	125
Bambussprossen	120	30
Birne, 1 Stück	320	80
Blumenkohl	120	30
Bohnen, grün	140	35
Broccoli	140	35
Chicorée	60	15
Chinakohl	60	15
Eisbergsalat	60	15
Endiviensalat	80	20
Erdbeeren	140	35
Grapefruit	280	70
Gurke, frisch	40	10
Heilbutt	440	110
Himbeeren	160	40
Hühnerbrust	440	110
Joghurt 1,5%, 150 g	300	75
Johannisbeeren	180	45
Kabeljau, Filet	320	80
Kalbsfilet, Schnitzel	440	110
Karotten (Möhren)	160	40
Kirschen	240	60
Kiwi, 1 Stück	120	30
Kohlrabi	100	25
Krabben	400	100
Kürbis	120	30
Lamm, Filet	500	125
Lauch (Porree)	160	40
Mandarinen 500 g	600	150
Mangold	100	25
Melone	100	25
Mirabellen	280	70
Muscheln	300	75
Orange, 1 Stück	300	75
Pampelmuse	160	40
Pfifferlinge, frisch	100	25
Pfirsich	180	45
Pflaumen	240	60
Preiselbeeren	200	50
Puterschnitzel	500	125
Radieschen, 80 g	60	15
Reh, Rücken, Schlegel, 1 kg	3600	900
Renke (Felchen)	400	100
Rettich	80	20
Rhabarber	80	20
Rinderfilet	500	125
Rostbeef	800	200
Rosenkohl	200	50
Rotbarsch, Filet	480	120
Rote Beete	140	35
Rotkohl	120	30
Sauerkraut	100	25
Scampi	320	80
Schellfisch	320	80
Schichtkäse	360	90
Scholle	320	80
Schwarzwurzeln	320	80
Seelachs, Filet	360	90
Seezungen, Filet	360	90
Sellerie	160	40
Sojabohnensprossen	120	30
Spargel	80	20
Spinat	100	25
Spitzkohl	100	25
Stachelbeeren	180	45
Steinbutt, Filet	380	95
Steinpilze	145	35
Tomaten	80	20
Weintrauben	300	75
Weißkohl	100	25
Wirsing	120	30
Zucchini	80	20

KILO-JOULE-KALORIEN

Ab 1978 wird in Kilo-Joule gemessen. 4 Kilo-Joule (genau 4,1868 kJ) entsprechen etwa einer früheren Kilo-Kalorie (Kcal). Der tägliche Energiebedarf beträgt etwa:
bei leichter Tätigkeit

für Frauen 8800 Kilo-Joule oder 2100 Kalorien;
für Männer 10000 Kilo-Joule oder 2400 Kalorien;

bei mittelschwerer Tätigkeit
für Frauen 11700 Kilo-Joule oder 2800 Kilo-Kalorien;
für Männer 13400 Kilo-Joule oder 3200 Kilo-Kalorien;

bei langdauernder schwerer Tätigkeit
für Frauen 13400 Kilo-Joule oder 3200 Kilo-Kalorien;
für Männer 16700 Kilo-Joule oder 4000 Kilo-Kalorien.

Mit zunehmendem Alter nimmt der Energiebedarf ab.

Unser Körpergewicht ist von Geschlecht, Lebensalter, Größe, Knochenbau, Gesundheitszustand und auch Eßgewohnheit abhängig. Als Mittelwert gilt die Brocasche Formel: Größe in Zentimeter abzüglich 100 = Gewicht in Kilogramm.

4. Fit im Büro

Trimmen Sie sich fit!

Wir sind gefragt

Die Gesundheit und Leistungsfähigkeit kann durch unser eigenes Zutun nicht nur erhalten, sondern auch gefördert werden.

Sport ist notwendig

Früher sah man in systematischer sportlicher Betätigung eine Liebhaberei für wenige Privilegierte. Heute aber, wo Bewegungsmangel und Fettleibigkeit zu den Volkskrankheiten ersten Ranges zählen, hat man die sportliche Betätigung als Notwendigkeit für alle erkannt.

1. Tips fürs Büro

Übungen für den Arbeitsplatz

Die meisten Leute können nicht so frei über Ihre Zeit verfügen. Deshalb einige Tips für sportliche Übungen, die ohne Geräte, ja sogar an Ihrem Arbeitsplatz im Büro durchgeführt werden können:

- Bauch und Hinterteil einziehen – deren Muskeln stark anspannen ca. 6-10 Sekunden lang. Täglich des öfteren wiederholen.
- Linke Hand in Brusthöhe (Handfläche nach oben) halten und mit rechter Hand (Handfläche nach unten) darauf legen. Beide Handflächen gegeneinanderdrücken, ca. 6-10 Sekunden.
- Finger beider Hände in Brusthöhe verschränken und kräftig in entgegengesetzter Richtung ziehen, ca. 6-8 Sekunden.

2. *Tips für zu Hause*

Übungen für zu Hause

Auch morgens vor der Arbeit sollten Sie sich fünf Minuten Zeit nehmen, denn soviel Zeit brauchen Sie jeden Tag mindestens, um Herz und Kreislauf in Schwung zu brin-

Fünf Minuten auf einen Blick

gen. Übrigens: Es gibt herrliche Tonbandkassetten mit flotter Musik und leichten Übungen. Ideal für morgens, allein oder zu zweit.
Die nebenstehenden Übungen können zeitlich durchaus ausgedehnt und täglich öfter ausgeführt werden, so z.B. in der Mittagspause oder vor dem Schlafengehen.

Systematisch durchgeführte körperliche Betätigung schaltet den gefährlichen gesundheitsschädigenden Faktor Bewegungsmangel aus.

Viele Gründe sprechen dafür, sich zu bewegen, Sport zu treiben

Für Sport gibt es viele Gründe

- Niedrigerer Pulsschlag und leistungsfähigeres Herz,
- bessere Versorgung mit Sauerstoff und Anregung des Stoffwechsels,

Bei insgesamt größerem Leistungsvermögen verbraucht der Trainierte bei gleicher Tätigkeit wie der Untrainierte weniger Energie, hat aber noch wesentlich größere Energiereserven.

- schnellere Entspannung des Körpers nach Streßsituationen,
- weniger Haltungsschäden, weniger Fettpolster,
- gut ausgebildete Muskulatur,
- wenn man regelmäßig Sport treibt, fühlt man sich viel länger fit.

Regelmäßiger Sport hält nicht nur fit, sondern auch überraschend jung

Nicht verbissen

Wer Sport oder Gymnastik mit der Verbissenheit eines Büffels betreibt, ist auf dem falschen Weg. Folgende Regeln sollte man unbedingt beachten:
- langsam beginnen,
- regelmäßig trainieren,
- Überanstrengung vermeiden.

3. Tips für die Freizeit

Ausdauersport als Ausgleich

Ausdauersportarten sind biologisch besonders wertvolle Sportarten, die eine wirkliche Leistungssteigerung herbeiführen, uns topfit machen und vor vielen Krankheiten schützen. Jeder Mensch sollte wenigstens einen Ausdauersport als Ausgleich betreiben.

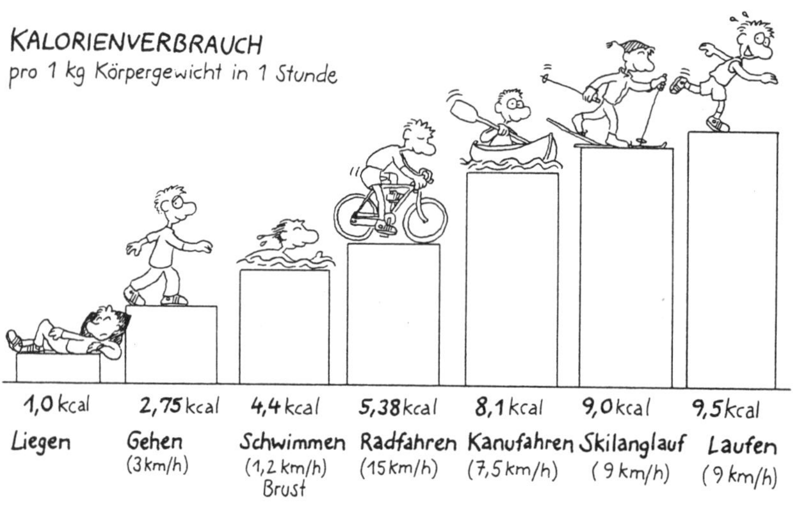

Sportarten wie Golf und Segeln gehören nicht zu den Förderern einer meßbar besseren Dauerleistungsfähigkeit. Besser sind: Rudern, Laufen, Radfahren, Tennis, Fußball, Skilanglauf, Handball.

Manche Sportarten sind besser

Dabei ist es wichtig, daß jeder seine eigene Ausdauersportart findet, ausgehend von seiner Belastbarkeit.

Ausgleichssport soll Freude machen, aber er soll gleichzeitig effektiv hinsichtlich des Trainingswertes sein.

5. Urlaub, Freizeit, Hobbys

Faulenzen fördert Ihre Arbeitskraft

Urlaub, Freizeit und Hobbys werden uns in den nächsten Jahren reichlich zur Verfügung stehen. Der sinnvolle Umgang mit diesem Geschenk beinhaltet große Chancen.

1. Endlich Urlaub!

Bewußter Urlaub

Fast ein ganzes Jahr fiebern Sie ihm entgegen. Der Urlaub ist in erster Linie dazu da, alle körperlichen und seelischen Kräfte, die im Alltag vernachlässigt worden sind, zu üben. Er ist aber auch dazu da, Funktionskreise, die überlastet sind, zu schonen. Es geht also um den bewußten Urlaub.

Geschäftspost zu Hause lassen

Der das ganze Jahr angespannt arbeitende Geschäftsführer, der jeden Tag Gehirnakrobatik treibt, um seine Firma über die Runden zu bringen, der aber überhaupt keine körperliche Bewegung hat, sollte nicht jeden Tag eine andere Sightseeingtour planen, sondern in seinem Urlaub Sport treiben. Schließlich hat er das ganze Jahr hindurch seine Muskelfunktionen vernachlässigt.

Selbstverständlich ist, daß man sich im Urlaub nicht darauf konzentrieren sollte, irgendwelche Arbeitsrückstände, wie unerledigte Privatpost, längst fällige Fachliteratur usw. durchzuarbeiten. Nehmen Sie sich die Unterlagen am besten gleich gar nicht mit in den Urlaub, denn erfahrungsgemäß geht das ungeliebte Zusatzgepäck wieder

so mit nach Hause, wie es im Urlaubsquartier abgestellt wurde – unberührt.

Die fünfziger Jahre waren die Periode des »Herumrasens« im Urlaub, sie wurden abgelöst von einer Epoche des Rastens, Ausruhens und Faulenzens. Heute ist Aktiv-Urlaub in.

Das ganz andere tun!

Was nun für Sie richtig ist? Ob eine Bibelfreizeit oder drei Wochen Faulenzen im Liegestuhl oder prallvolle Tage beginnend mit einem Morgenlauf über den taufrischen Vita-Parcours, das können nur Sie selbst wissen. Tun Sie einfach, »das ganz andere«. Praktizieren Sie den »Auszug aus dem Alltag«. Richtig erholt ist erst derjenige, der körperlich frisch und seelisch entspannt nach Hause kommt.

Wenn Sie über den Grad Ihrer eigenen Erholungsbedürftigkeit nachdenken, unterscheiden Sie zwischen fit

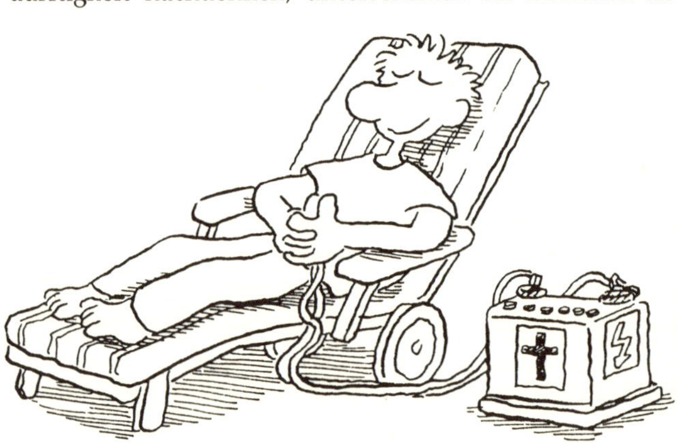

sein in körperlicher sowie in seelischer Hinsicht. Jetzt wissen Sie schon eine ganze Menge darüber, wie Ihr Urlaub aussehen sollte.

- Fragen Sie sich vor dem Urlaub, was »das ganz andere« für Sie ist. Erholung, Kontakte, Aktivität, Kultur, Bibel und Gebet . . .? In welcher Dosierung?
- Genießen Sie Ihre Art Urlaub in vollen Zügen – egal, ob Sie Aktiv-Urlaub, Urlaub zu Hause oder am Strand machen.
- Gehen Sie ganz bewußt auf Fremde zu, um etwas mehr über ihre Lebensart zu erfahren. Sind Sie aufgeschlossen für Fremdes? Weiten Sie Ihren Horizont durch neue Erfahrungen?
- Ist Ihnen bewußt, wie gut Sie es haben, mit einem Auto, Flugzeug, Schiff oder der Bahn Urlaub machen zu können?
- Benutzen Sie Ihren Urlaub bewußt dazu, Ihre Lebensbatterie wieder aufzuladen? Das könnte auch heißen, sich einmal bewußt Zeit für Gott zu nehmen. Es gibt mittlerweile einige Dutzend christlicher Reiseveranstalter.
- Wie lange wollen Sie Urlaub machen? Ein erholsamer Urlaub muß nicht vier Wochen dauern. Oft reicht schon ein Kurzurlaub, z.B. ein verlängertes Wochenende.
- Ein Tip zum Schluß: Erfahrungsgemäß treten in privaten Beziehungen, vor allem im Urlaub, auch dadurch Probleme auf, daß Sie nun viel mehr Zeit für Ihren Ehepartner oder die Familie haben. Verdrängtes und Aufgestautes kann bewußt und somit problematisch werden. Machen Sie sich das vorher schon klar. Denken Sie auch daran, daß diese Konflikte zu neuen wichtigen Erkenntnissen für Sie selbst führen und deshalb zu begrüßen sind.
- Zu guter Letzt: Warum nicht eine langfristige, mehrjährige Urlaubsplanung erstellen, um so den Einzelurlaub optimal gestalten zu können? Welches neue Hobby will ich betreiben? Welche neue Sprache will ich lernen, welche kreativen Kräfte entwickeln oder welches Kurprogramm mitmachen?

2. Freizeit

Freizeit wächst

Freizeit ist kostbar. Wir erleben, wie dieses wertvolle Gut wächst und die Arbeitszeit schrumpft. Kurz vor dem ersten Weltkrieg wurde die Sechzigstundenwoche erreicht. Nach dem ersten Weltkrieg war es dann der Kampf um die Achtundvierzigstundenwoche. Nach dem zweiten Weltkrieg ging es dann um die Fünfundvierzigstundenwoche. Alle Forderungen, um die es heute geht, haben eine Drei als erste Ziffer.

Frühzeitiger Ruhestand

Aber auch an einer anderen Stelle wächst die Freizeit ganz erheblich: Frühzeitiger Ruhestand, oft bei guter Gesundheit und bedingt durch die Leistungen der Altersmedizin eine ständig wachsende Lebenserwartung.

Katzen, Pferde, Gänseblümchen

Wie kann uns wachsende Freizeit zum Segen werden? Dies ist eine wichtige Frage. Mit dem Blick auf das Tier- und Pflanzenreich schreibt ein Autor: »Was macht unsere Katze, wenn sie weder schläft noch frißt, noch jagt? Was macht das Pferd, wenn es gerade nichts zu tun hat und auch nicht schläft? Und was läßt sich an Pflanzen beobachten? Langeweile scheint ihnen fremd zu sein. In leichter Abwandlung der Anweisung Jesu könnten wir heute wohl sagen: »Sehet die Kühe auf der Weide, sie verreisen nicht und sehen nicht fern, und euer himmlischer Vater sorgt doch dafür, daß sie nicht vor Langeweile sterben! Schaut die Gänseblümchen auf der Wiese, wie sie sich beschäftigen. Sie sind nicht im Gänseblümchenverein und veranstalten keine Turniere, und euer himmlischer Vater unterhält sie doch, so daß sie den ganzen Tag strahlen!« Nach Meinung des Autors sollten wir die zunehmende Freizeit zur menschlichen Begegnung nutzen.

Ausflüge

An jedem Wochenende werden bei uns durchschnittlich rund 12 Millionen Ausflüge gemacht, und bei besonders schönem Wetter fahren bis zu 70 Prozent der Großstädter »raus«. Sonnenschein, frische Luft und körperliche Bewegung tragen sehr viel dazu bei, dem Streß des modernen Lebens zu entgehen. Die Natur mit all ihrer Vielfalt hat eine geheimnisvolle Fähigkeit, die Wunden des Lebens zu heilen. In der ihr eigenen reizvollen Weise kann sie viele der Spannungen, die wir erleiden müssen, lösen – wenn wir ihr nur eine Chance dazu geben, indem wir hinaus ins Freie gehen.

Aber auch das Umgekehrte ist richtig: Menschen vom Land genießen den Besuch in der Großstadt. Der Lärm der Straßenbahn und das Getöse der Autos macht ihnen nicht das geringste aus, im Gegenteil, sie genießen diese Abwechslung richtig.

Erholung planen

Insofern gilt, was wir auch schon weiter vorne in diesem Kapitel beim Thema »Urlaub« festgestellt haben: Ausgehend von meiner persönlichen Situation muß auch Freizeit geplant werden. Wie oft sagen wir: »Ich kann nichts mehr sehen und hören.« Ein untrügliches Zeichen dafür, daß wir mit unseren Kräften am Ende sind. Diese körperliche und geistige Ermüdung soll durch die Erholung aufgefangen und rückgängig gemacht werden.

Seien wir kreativ und lernen wir wieder, freie Zeit zu echter Freizeit werden zu lassen.

3. Hobbys

Hobbys sind unterschiedlich

Was eine der Berufsarbeit entgegengesetzte Betätigung ist, sollten wir vielleicht noch einmal verdeutlichen: Der eine kommt nach Hause, setzt sich ans Klavier und vergißt beim Spielen alles, was ihn tagsüber belastet hat. Der andere dreht einige Runden im Stadtpark oder im Wald und fühlt sich hinterher wie erneuert. Aber auch Hobbys wie Malen und Zeichnen, Briefmarkensammeln, Lesen, Basteln können diese Entspannung bewirken.

Vereine und Clubs

Es gibt kein Hobby, das nicht auch in Vereinen und Clubs praktiziert würde. Immer mehr kommen auch jene Clubs auf, die eigentlich keine bestimmte Tätigkeit wie Schwimmen, Photographieren usw. als gemeinsamen Mittelpunkt haben, sondern deren Ziel es einfach ist, das gesellige Zusammensein ihrer Mitglieder zu fördern.

Kirchliches Angebot

Die Kirchen haben diesen Wert der Vereine für die Freizeit des Menschen immer schon erkannt. Darum blüht gerade im kirchlichen Bereich immer ein reges Vereinsleben. Auch hier gilt wieder: Sorgfältig auswählen. Für einen Christen ist es klar, daß die Gemeinschaft der Schwestern und Brüder und der aus dieser Gemeinschaft herauswachsende diakonische und missionarische Auftrag Vorrang hat vor allen anderen Angeboten.

6. Der Sonntag – eine verpaßte Chance?

Ich halte einen wöchentlichen Ruhetag

Teil der 10 Gebote

Wie fängt der Sonntag bei Ihnen an? Mit Musik aus dem Radio, mit einem Gesangbuchvers oder Gebet? Mit der Sonntagszeitung vom Zeitungsmann oder mit der Bibel? Oder tun Sie beides? Wenn wir die Bibel aufschlagen, dann steht dort im 2. Buch Mose: »Gedenke des Sabbattages, daß du ihn heiligst. Sechs Tage sollst du arbeiten und alle deine Werke tun. Aber am siebten Tag ist der Sabbat des Herrn, deines Gottes. Da sollst du keine Arbeit tun, auch nicht dein Sohn, deine Tochter, dein Knecht, deine Magd, dein Vieh, auch nicht dein Fremdling, der in deiner Stadt lebt.« Nachdem Gott Mose das am Sinai gesagt hat, übergibt er ihm die Gesetzestafel. Das dritte Gebot darauf heißt: »Du sollst den Feiertag heiligen!«

Auch im Himmel ist Sonntag

Es gibt auf Erden einen Sonntag – weil es auch im Himmel einen Sonntag gibt. Gott ruhte am siebten Tag und segnete ihn. Der »Sabbat« ist der einzige Wochentag, der in der Bibel einen Namen hat. Sonst heißt es nur erster Tag, zweiter Tag usw. Im Himmel wird Sabbat gefeiert. Dort ereignet sich sozusagen der Hauptgottesdienst, den Gott nun auch mit uns feiern will. Nach sechs Tagen, angefüllt mit Arbeit, Ärger, Sorge und Enttäuschungen, sagt Jesus: »Kommt zu mir alle, die ihr mühselig und beladen seid, ich will euch erquicken.«

Der Sonntag ist arbeitsfrei

Niemand muß mehr sonntags arbeiten. Wenn der Sonntag also stressig, langweilig, öde, ein leeres und deprimierendes Loch ist, dann sind wir selbst schuld an dieser verpaßten Chance. Seit den ersten Jahrhunderten ist die Sonntagsruhe durch Staatsgesetze geregelt. Sie hatten zum Ziel, alles Lärmende und Störende, das den Eindruck des Alltäglichen erweckte, fernzuhalten. Bis heute garantiert der Staat diese äußere Ruhe.

Einbruch der Gesetzlichkeit

Zu Jesu Zeiten war dieser Tag so heilig, daß man einem Kranken nur noch bei Lebensgefahr helfen durfte. Wir wissen, wie Jesus für die Auffassung kämpfte: »Der Sabbat ist um des Menschen willen gemacht« (Mark. 2,27). »Man

soll am Sabbat Gutes tun und nicht Böses« (Mark. 3,4) wie natürlich an jedem anderen Tag.

Die frühe Kirche sah den Sonntag als heilsame, nicht als heilige Ordnung an.

Jedoch blieb es nicht so. Am 7. März 312 erklärte Kaiser Konstantin den Sonntag zu einem staatlichen Feiertag. Er wurde der heilige Tag der Gesellschaft, noch ehe diese als Ganze christlich geworden war. Konstantin hatte dabei auch die Anhänger des Mithraskultes im Auge, der noch weit verbreitet war, und dessen Anhänger, als Verehrer der Sonne, ihre Feiern auch am Sonntag hatten. Obwohl das Christentum die anderen Religionen damals zurückdrängte: Der Sonntag hatte eine gefährliche Färbung bekommen. Man behandelt ihn mehr und mehr wie einen Sabbat, der um einen Tag verschoben worden war. Ein gesetzliches Verständnis setzte sich durch.

Gesellschaftliche Bedeutung

Das Besondere war nun nicht mehr allein die gottesdienstliche Versammlung der österlichen Gemeinde. Der österliche Charakter und die Beziehung zum Jüngsten Tag, dem kommenden Tag des Herrn – beides ging im Mittelalter fast ganz verloren. Dafür wuchs die gesellschaftliche Bedeutung: Der Sonntag war der Ruhetag von knechtischer Arbeit und heiligte den Rhythmus des Lebens. Er bekam einen ähnlichen Charakter wie die Feiertage der heidnischen Religionen.

Wöchentliche Osterfeier

Von seinem Ursprung als wöchentliche Osterfeier ist der Sonntag jedoch genau der Tag des »anderen Lebens«.

Die Knechtung durch den Alltag bedarf der Feier am Sonntag. Einen richtigen, sinnvollen Sonntag kann es somit nur in Verbindung mit Gott und dem auferstandenen Herrn geben. Sonst wird er leer und öde.

Sonntag und Samstagabend

Wie aber kann man den von unseren Gepflogenheiten verschütteten Sonntag neu entdecken? Überlegen Sie, ob der Sonntag nicht schon am Samstagabend, wenn die Sonne untergeht, beginnen könnte. Er endet dann am Sonntagabend bei Sonnenuntergang.

Den Sonntag ideenreich gestalten

Der Samstagabend sollte dazu genutzt werden, sich auf den Sonntag einzustimmen. Am Sonntagvormittag wird man in aller Regel den Gottesdienst besuchen. Ein Sonntag fernab von der feiernden Gemeinde sollte ein schmerzlicher Notfall bleiben. Die Gottesdienste hierzulande sind meistens reichlich kurz. Bringen Sie Ihre Bibel mit zum Gottesdienst, machen Sie sich Notizen und machen Sie das Beste daraus. Vielleicht können Sie einige Brüder und Schwestern nach dem Gottesdienst zum Zusammenbleiben ermuntern. Vielleicht zu einer Predigtnachbesprechung. Immer mehr Gemeinden haben hin und wieder einen Sonntagabendgottesdienst, bei dem Lob und Dank im Mittelpunkt stehen.

Frei für Gott

Nicht uns selbst sollen wir am Sonntag suchen und nicht in eigenes Mühen und Jagen uns verstricken. Das haben wir sechs Tage gemacht. Jetzt sollen wir uns frei machen für Gott, damit er sein Werk an uns tun kann. Wo die

Mitte des Sonntags im Rennen zum Fußballplatz oder hinaus in die Natur liegt, da wird eben dies zur Ersatzreligion, anstelle der Anbetung des lebendigen Gottes.

Den rastlosen Übereifer der Menschen kritisiert die Manna-Geschichte in 2. Mose 16 auf eine fast humorvolle Weise: Jeden Tag läßt Gott frisches Brot herabfallen. Da das gestrige stinkt, will es täglich neu gesammelt sein. Doch am sechsten Tag fällt die doppelte Menge. Was davon für den nächsten Tag bestimmt war, das wurde nicht stinkend, und es war auch kein Wurm drin. Doch einige Leute können es auch am siebten Tag nicht unterlassen, hinzugehen und zu sammeln – aber – sie fanden nichts, sagt der Erzähler, nicht ohne leichten Spott. Die Geschäftigkeit am Sabbat wird schlicht als umsonst verspottet. Es bleibt dabei: Der Mensch lebt nicht von seiner Unermüdlichkeit, sondern vom Wirken Gottes.

Insofern wünsche ich Ihnen nicht ein »Schönes Wochenende!«, sondern einen »Gesegneten Sonntag!«.

7. Körperliche Leistungsfähigkeit

Nutzen Sie Ihren natürlichen Leistungsrhythmus

Berücksichtigen Sie Ihre persönliche Leistungskurve

Jeder Mensch unterliegt in seiner Leistungsfähigkeit während des ganzen Tages bestimmten charakteristischen Schwankungen. Man spricht gemeinhin von »Morgenmenschen« (Frührhythmiker) oder »Abendmenschen« (Spätrhythmiker).

Keiner dieser beiden Grundtypen arbeitet besser oder schlechter als der andere – nur unterschiedlich. Grundsätzlich gilt:

- Die absolute Leistungshöhe und -tiefe ist individuell verschieden, allen Menschen gemeinsam sind jedoch die relativen, rhythmischen Schwankungen.
- Der Leistungshöhepunkt liegt am Vormittag. Dieses Niveau wird während des gesamten Tages nicht mehr erreicht.

– Nach dem Mittagessen schließt sich dann das allgemein bekannte Nachmittagstief an. Wer versucht, dieses Tief durch starken Kaffeegenuß zu bekämpfen, muß wissen, daß er es dadurch auch verlängert.

Leistungskurve: physiologische Leistungsbereitschaft als % Abweichung

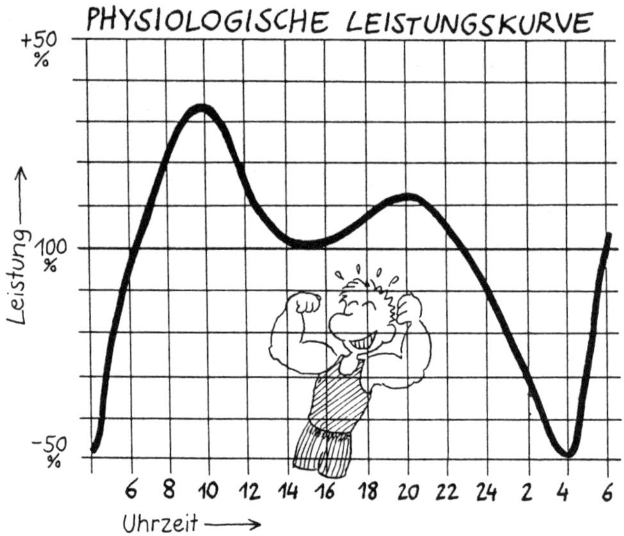

Leistungskurve

Die genormte REFA-Leistungskurve ist als statistischer Mittelwert anzusehen, der in repräsentativen Breitenuntersuchungen in der ganzen Welt erhoben wurde. Der Leistungswert von 100 Prozent entspricht einer angenommenen durchschnittlichen körperlichen Leistungsfähigkeit. Zwischen 100 Prozent bei einem Menschen und 100 Prozent bei einem anderen Menschen können gewaltige Unterschiede bestehen.

Leistungstief Achtung, Unfälle!

Ausschuß und Unfälle sind naturgemäß während Leistungstiefs deutlich höher. Die nächtliche Unfallrate auf Autobahnen ist in der Zeit zwischen 2.00 Uhr und 4.00 Uhr am höchsten! Fließbänder bei Montageprozessen in der Industrie werden im Laufe des Tages entsprechend der Leistungsbereitschaftskurve beschleunigt oder verlangsamt.

Nickerchen erhält Spannkraft

Durch Aufputschmittel oder ein »Nickerchen« zwischendurch ist die Kurve der täglichen Leistungsbereit-

schaft zu verändern. Es gibt z.B. Mönchsorden, die gegen 18.00 Uhr einen 70- bis 90minütigen Zwischenschlaf einlegen. Dadurch wird eine stabile Leistungsspannkraft bis Mitternacht möglich.

Persönlicher Tagesrhythmus

Finden Sie nun Ihren persönlichen Tagesrhythmus heraus, indem Sie Ihre Leistungskurve durch systematische Beobachtung erstellen. Allerdings: Je nach Motivationsgrad, Körperkondition, Stimmung und Jahreszeit schwankt diese Kurve.

- Zu welcher Tageszeit fühle ich mich am leistungsfähigsten, voller Energie und Schaffenskraft? (Dort sollten Sie die eigentlich wichtigen Aufgaben und Termine erledigen.)
- Zu welchen Zeiten beginne ich zu ermüden oder fallen mir bestimmte Tätigkeiten besonders schwer? (Hier können Sie Routinearbeiten erledigen.)
- Wann treibe ich Ausgleichssport, wann entspanne ich mich?
- Diese Ergebnisse sollten über eine Woche dokumentiert werden.

Management by Biorhythmus

Entwicklung und Hintergründe

Die Theorie vom Biorhythmus besagt, daß jeder Mensch von Geburt an durch drei unterschiedliche, ständig wechselnde Energieströme beeinflußt wird. Weil aber die drei Phasen unterschiedlich lang sind, kommt es bei jedem

Menschen ständig zu immer wechselnden Kombinationen des körperlichen, seelischen und geistigen Wohl- bzw. Unwohlbefindens. Wer mit Hilfe der Biorhythmik seine innere Uhr abliest, kann seine Leistungsaktivität ziel- und terminorientiert koordinieren.

Die Biorhythmus-Theorie hat weder mit Astrologie noch mit Wahrsagerei zu tun. Es geht um bestimmte Funktionsabläufe im Organismus des Menschen. Allerdings: Obwohl die Lehre vom Biorhythmus aufzeigt, daß es solche Zyklen gibt, ist man noch nicht in der Lage zu erklären, warum es diese periodischen Schwankungen gibt. Während man in Japan und den USA den praktischen Nutzen sieht und deshalb auch anwendet, ist der Biorhythmus in der Bundesrepublik noch umstritten.

Hans Genuit beschreibt in seinem Buch »Praxis der Biorhythmen« (Turmverlag) nicht nur Erfolge, sondern erwähnt lobenswerterweise auch Ausnahmefälle. Es ist wirklich beruhigend zu wissen, daß nicht alles vorher erkennbar ist, was auf uns zukommt.

Nutzen Sie Ihren natürlichen Leistungsrhythmus

Nutzen Sie Ihre augenblickliche Stimmung!

Manchmal fehlt uns die Bereitschaft, etwas Sinnvolles anzufangen. Sinnloses »Männchen-Kritzeln«, »An-den-Fingernägeln-Kauen« und »Aus-dem-Fenster-Schauen« zeigt, daß wir nicht »in Form« sind.

In einem solchen Fall sollten Sie sich nicht gegen die Natur auflehnen. Passen Sie Ihren Arbeitsrhythmus dem natürlichen Energiezyklus an. Es gibt immer auch einfache Dinge und Routinearbeit, die in einem solchen Zustand des Kampfes gegen die Müdigkeit zu bewältigen sind.

Die inneren Schwünge nutzen

Das andere gibt es aber genauso: Man ist drin und es läuft. Dann sollten Sie das tun, was z. B. Skiasse schon längst tun: Man läßt es einfach laufen. Der Rhythmus wird genutzt, um Energien, die aus einer richtigen Schwungsteuerung kommen, in einen neuen Schwung umzusetzen. Schwächere Skifahrer unterbrechen diesen Fluß immer wieder und verlieren so deutlich an Kraft. Sie müssen für jeden Schwung neu ansetzen und erneut Energie aufwenden.

Wer so richtig in der Arbeit drin ist, genießt förmlich den Arbeitsschwung und den Fluß der Ideen und Impulse. Kreative Menschen aller Gebiete arbeiten schon immer so. Sie warten regelrecht auf das Leistungshoch, um sich dann ganz mit voller Hingabe in die Arbeit hineinzuwerfen. Hier sollte man ruhig auch einmal den Mut haben, Unterbrechungen abzulehnen, denn wo Phantasie, Ideen und Impulse in Bewegung sind, können Ablenkungen sehr störend wirken. Energien verpuffen, Sie kommen aus dem Tritt und verlieren den Rhythmus.

Arbeit mit Spaß

8. Den Seinen gibt's der Herr im Schlaf

Richtiges Schlafen will gelernt sein

Neuesten Ergebnissen der Schlafforschung zufolge braucht der menschliche Körper weniger als drei Stunden Schlaf pro Nacht! Zumindest sind knappe drei Stunden Schlaf zur Aufrechterhaltung der Lebensvorgänge voll und ganz genug.

Reichen drei Stunden Schlaf?

Interessant: Ein Elefant kommt mit zwei Stunden aus, Löwen brauchen bis zu 20 Minuten, bei anderen Tieren genügt ein Nickerchen von 12-15 Minuten, um neue Energie zu tanken.

Napoleon kam mit drei bis vier Stunden Nachtschlaf aus, besaß dafür die Fähigkeit, zwischendurch schnell einmal einen »Fünfminutenschlaf« einzuschieben. Weitere berühmte Kurzschläfer waren Friedrich der Große, Alexander von Humboldt und der Erfinder Thomas Edison.

Kurzschläfer Napoleon

Aber auch den Langschläfer gibt es: Johann Wolfang von Goethe hat nicht selten 24 Stunden hintereinander geschlafen. Von Schopenhauer stammt der Satz: »Überhaupt ist ein Genie ohne Schlaf undenkbar«. Er schlief bis zu 10 Stunden täglich.

Langschläfer Goethe

Interessant: Persönlichkeitstests in der Schlafforschung haben ergeben: Kurzschläfer sind leistungsfähig, karriereorientiert und selbstsicher. Zum größten Teil extrover-

Kurzschläfer sind leistungsfähig

tiert, zeigen sie sowohl im Beruf wie auch im Privatleben Talent für Problemlösungen.

Anders bei den Langschläfern: Sie gelten als introvertiert, scheu und unsicher bei Problemen. Oft sogar depressiv.

Ferner ist interessant: Ist ein Mensch glücklich, hatte er soeben ein Erfolgserlebnis, braucht er weniger Schlaf als der unter besonderem Streß stehende. Macht ein Mensch wesentliche Veränderungen durch, braucht er mehr Schlaf. Offensichtlich braucht der eine mehr Zeit, um seine Probleme in Träumen aufzuarbeiten.

Morgenmensch/ Abendmensch

Außer Langschläfern und Kurzschläfern gibt es auch noch den Morgen- und den Abendmenschen. Während der eine um 22.00 Uhr ins Bett geht und um 6.00 Uhr munter auf den Beinen ist, geht der andere in der Regel um Mitternacht ins Bett und tut sich noch beim Aufstehen um 8.00 Uhr schwer.

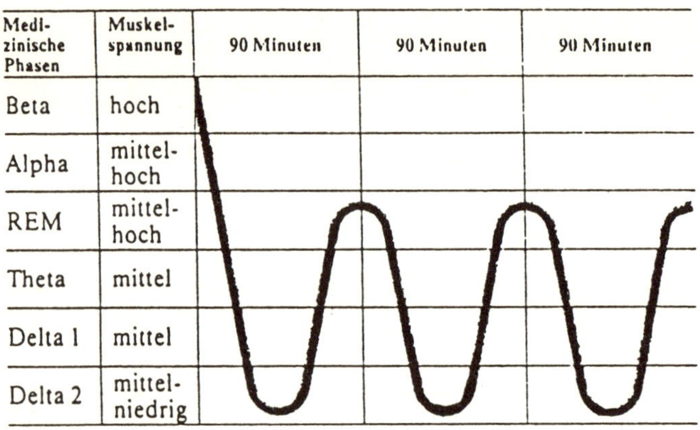

So sieht eine „Schlafkurve" aus: Mit Hilfe eines EEG (=Elektroenzephalogramm) werden die Gehirnströme aufgezeichnet. So können Mediziner verschieden intensive Schlafphasen erkennen. Im Beta- und Alpha-Bereich ist der Mensch (medizinisch gesehen) noch wach. In der REM-Phase (REM = rapid eye movements) liegt schon der Traumbereich. Hier findet die seelische Erholung statt.
Die sehr tiefen Theta- und Delta-Phasen dienen nurmehr der körperlichen Erholung. Dies läßt sich an der entspannten Muskulatur ablesen. Wer die REM-Phase einmal durchlaufen hat, hat sich bereits erholt.

Schlafforschung

Besonders in den USA wird die Schlafforschung sehr intensiv betrieben. Über den Schlaf wissen wir eine ganze Menge:

Wie Sie Ihre Schlafdauer herausfinden

- Während einige Körperaktivitäten im Schlaf sehr stark zurückgehen, übertrifft die nächtliche Tätigkeit des Gehirns und vieler Drüsen oft die des Tages.
- Schlaf verläuft in mehreren Phasen (s. Schaubild).
- Schlaf ist bei allen Menschen von Träumen begleitet. Nicht träumen zu können hätte körperliche und seelische Beschwerden zur Folge.
- Während manche nur vier Stunden Schlaf benötigen, brauchen andere elf Stunden. Im Schnitt brauchen wir siebeneinhalb Stunden Schlaf. Sie wollen probieren, ob Sie auch mit weniger Schlaf auskommen? Gehen Sie in den nächsten drei Tagen eine Viertelstunde später ins Bett, als Sie es gewohnt sind. Wenn Ihnen diese Viertelstunde Schlaf nicht »fehlt«, ziehen Sie, wieder über drei bis vier Tage, eine weitere Viertelstunde ab. Wer mit siebeneinhalb Stunden Schlaf auskommt, sollte es einmal mit 7 Stunden probieren. Schaffen Sie die Reduzierung um 90 Minuten, dann erhalten Sie für jedes Dutzend Jahre, das Sie leben, ein ganzes Jahr dazugeschenkt.

Schlaf kann man nachholen

- Egal wie lange man nicht geschlafen hat – der Körper holt den versäumten Schlaf in einer einzigen Nacht nach. Während dieser Nacht schläft man nicht unbedingt länger, dafür jedoch sehr viel intensiver.

Vorausschlafen nutzt nichts

- Mit einem Nachmittagsschläfchen kann man zwar die Müdigkeit hinauszögern, aber nicht in dem Sinne vorausschlafen, daß man dann in den nächsten 24 Stunden nicht müde wird.

Wachen Sie mürrisch oder frisch auf?

- Sie sind jeden Morgen gereizt und unausgeschlafen, wenn der Wecker klingelt? Dies ist ein Zeichen dafür, daß der Wecker Sie in der Tiefschlafphase erwischt hat. Sie sollten dann Ihren Wecker um eine halbe Stunde vor- oder zurückstellen. Dann klappt's. Erwischt Sie der Wecker in der Traumphase, hilft es, den Wecker 10 Minuten früher oder 40 Minuten später zu stellen. Natürlich müssen Sie abends immer zur selben Zeit zu Bett gehen, wenn das klappen soll.

Optimaler Mittagsschlaf

– 10 Minuten ist die ideale Länge für einen Nachmittagsschlaf. Ab 30 Minuten laufen Sie Gefahr, in die Tiefschlafphase zu kommen, danach ist ein Aufwachen schwierig. Außerdem sind Sie unausgeglichen und mißmutig. Dann sollten Sie, wenn Sie es sich leisten können, gleich anderthalb Stunden schlafen (1 Zyklus). Wollen Sie sicherstellen, daß es nur ein kleines Nickerchen wird (ideal bei Ermüdung auf Konferenzen, Autobahnen etc.), dann setzen Sie sich bequem hin, nehmen Sie einen Schlüsselbund, den Sie so halten, daß er beim Öffnen der Hand auf den Boden fällt. Versuchen Sie einzuschlafen. Kaum ist die entspannende Traumphase beendet, fallen die Schlüssel und wecken Sie.
Wer ausgeschlafen hat, jedoch weiterdöst (keine Lust zum Aufstehen etc.), bringt den Stoffwechsel völlig durcheinander und fühlt sich hinterher müde und unerfrischt.

Hilfe für Leute, die schlecht schlafen

Schlafmittel

Alle heute erhältlichen Schlafmittel machen mehr oder minder süchtig, verlieren schnell an Wirkung und können sogar zum Tod führen. Vor allem Barbiturate in hoher Dosis sind äußerst gefährlich. Experten schätzen, daß es in Westdeutschland rund 330.000 Barbituratsüchtige gibt.

Wer unter Schlaflosigkeit leidet, sollte die Hände falten, seine Gedanken auf Gott richten, der allein Ordnung schaffen und durch Jesus Christus Sünden hinwegräumen und Wunden heilen kann.

Natürlich sind die richtige Zimmertemperatur und feste Schlafenszeiten wichtig. Ein warmes Bad vorm Zubettgehen kann zusätzlich entspannen.

Wichtiger jedoch ist für die Vorbereitung auf das Schlafen, daß man das Gespräch mit Gott sucht und in Bedrängnis und Schwierigkeiten seine Not zu ihm bringt. Den Seinen gibt's der Herr im Schlaf.

9. Gewohnheiten entwickeln und nutzbringend einsetzen

Nur eine Sache der Gewohnheit

Gewohnheiten haben Macht

Gewohnheiten haben Macht. Machen Sie sich mit dieser Macht vertraut, damit Sie Ihre Stärken gewinnbringend einsetzen können. Eine Gewohnheit ist wie eine zweite Natur. Deswegen spielen beim Selbstmanagement Gewohnheiten eine wichtige Rolle. Gewohnheiten entwickeln heißt, unser Nervensystem zu unserem Verbündeten, anstatt zu unserem Gegenspieler zu machen. Wir müssen uns möglichst viele nützliche Handlungen angewöhnen. Je mehr Dinge unseres Lebens wir zu anstrengungslosen Automatismen machen können, desto mehr werden die starken Kräfte des Gehirns für ihre eigentliche Arbeit freigesetzt.

Gewohnheiten entwickeln ist ein langer Weg

Noch einmal: Wenn Sie den Kampf gegen Zeitverschwendung aufnehmen, dann heißt das, daß Sie den Kampf gegen einige eingefahrene Gewohnheiten aufnehmen müssen. Keine Frage, dies ist ein langer Weg:

Gesagt – ist noch nicht gehört.
Gehört – ist noch nicht verstanden.
Verstanden – ist noch nicht einverstanden.
Einverstanden – ist noch nicht angewendet.
Einmal angewendet – ist noch lange keine »Gewohnheit«.

Erst Gewohnheiten bilden einen Charakter. Der Charakter formt die Persönlichkeit.

Also: Erst wenn gewünschtes Handeln zur Gewohnheit wird, bringt es reiche Frucht. Die Zeit des täglichen Aufstehens und Zubettgehens, Gymnastik, Atemübungen usw. sollten nicht mehr überlegt und dann praktiziert werden. Bestimmte Dinge sollten eine Sache der Gewohnheit sein. Es gibt Menschen, die die Hälfte ihrer Zeit mit Entscheidungen bzw. Bedauern zubringen, warum etwas nicht geht. Dabei sollten die meisten dieser Dinge dem Menschen so zu eigen sein, daß sie für sein Bewußtsein praktisch überhaupt nicht existieren.

Zum Erwerb neuer Gewohnheiten und zum Ablegen alter Gewohnheiten gibt es drei Schlüssel:

Drei Schlüssel zum Erwerb neuer Gewohnheiten

1. Beginnen Sie mit der neuen Gepflogenheit so intensiv wie möglich.
   Um die Versuchung, in das alte Fahrwasser zurückzugeraten, möglichst gering zu halten, sollten Sie Verschiedenes versuchen: Kündigen Sie die Änderung öffentlich an. Geben Sie Ihrem Vorsatz jede Hilfe, die möglich ist. Jeder Tag, an dem ein Rückfall vermieden werden kann, vergrößert die Chancen, daß die neue Gewohnheit Wurzeln schlägt.
2. Ergreifen Sie die erstmögliche Chance, Ihren Vorsatz durchzuführen.
   Schieben Sie nichts auf die lange Bank. Ergreifen Sie Initiative. Tun Sie es gleich. So haben Sie eine reelle Chance, daß eine einmalige Tat zur Gewohnheit wird.
3. Lassen Sie nie eine Ausnahme zu, solange die Gewohnheit nicht festen Fuß gefaßt hat. Sie haben etwas unterlassen und sagen sich »einmal ist keinmal«. Dies kann man sich zwar bei einem Rückfall einreden, aber letztlich zählt es eben doch. Je öfter wir solche »Ausnahmen« zulassen, desto schwieriger ist es, wieder Kontrolle über die Situation zu gewinnen. »Gewohnheit« hängt nicht umsonst mit »Wohnen« zusammen.

Auch Jesus hatte Gewohnheiten

Die drei Gewohnheiten Jesu

»... und ging nach seiner Gewohnheit am Sabbat in die Synagoge und stand auf und wollte vorlesen« (Luk. 4,16). Der regelmäßige Kirchgang war Jesus offensichtlich wichtig.

»... und er ging nach seiner Gewohnheit zum Ölberg ... und betete« (Luk. 22,39+41). Beten als Gewohnheit. Wie lässig wir dies oft handhaben!

»... und wie es seine Gewohnheit war, lehrte er sie wiederum« (Mark. 10,1). Auch das soll zu meiner Gewohnheit werden, nämlich anderen vom Vater im Himmel zu erzählen.

10. Tips für Hausfrauen

Die Hausfrau mit und ohne Berufstätigkeit

Das Essen muß stets pünktlich auf dem Tisch stehen, die Wäsche muß zu jeder Zeit im Schrank bereitliegen, ... eine Mutter ist ständig im Einsatz. Bei ihr ist es nicht so, daß sie abends nach Hause kommt und das Essen schon auf dem Tisch steht. Schlimmer noch: Sie muß mit dem Essen warten, bis auch der letzte nach Hause kommt. Sie ist der Chef eines kleinen Unternehmens, das sie voll verantwortlich leitet.

Berufstätige Frauen und Mütter

Überforderung

Jede berufstätige Frau sieht sich den Ansprüchen ihrer Familie und ihres Haushaltes sowie den Ansprüchen ihres Berufes ausgesetzt. Auf beiden Gebieten will sie Gutes leisten. Insofern zwingt Berufstätigkeit eine Frau geradezu, ihre Zeit sinnvoll zu planen. Oft stellt sich auch das Gefühl ein, den vielen Ansprüchen nicht mehr gerecht werden zu können und überfordert zu sein.

Soll eine Hausfrau und Mutter überhaupt berufstätig sein?

Motivation

Ohne Frage arbeiten die meisten Frauen, um mehr Geld zur Verfügung zu haben. Dies ist sicher in manchen Situationen notwendig. Der Arbeitsplatz bietet oft auch die Möglichkeit, Kontakte zu anderen Menschen herzustellen. Dies ist für manche ein wesentliches Arbeitsmotiv. Andere Motive, wie z. B. die folgenden, muß man als Christ sicher ablehnen:

- Das Erreichen einer bestimmten gesellschaftlichen Stellung.
- Mehr Geld für bestimmte Luxusgegenstände.
- Flucht vor dem Hausfrauendasein: »Bevor mich die Kinder verrückt machen, gehe ich aus dem Haus und arbeite.«

Echte Befriedigung und Sicherheit kommt nicht aus einer beruflichen Situation, sondern kommt nur von Gott. Ab und zu vergessen wir diese Weisheit. In Titus 2,4-5 steht, daß die »jungen Frauen«, »gute Hausfrauen« sein sollen, die »ihre Kinder lieben«. Hier wird uns gezeigt, welche Verantwortung wir vor allem für kleine Kinder haben, so daß eine Mutter sicher nur in einer Notlage arbeiten gehen sollte. Wenn eine verheiratete Frau trotzdem zusätzlich zu ihrer Hausarbeit arbeiten geht, dann sollte ihr Mann bereit sein, einen Teil der Hausarbeit zu übernehmen.

Hausfrau und Mutter als Beruf

Wert der Hausarbeit

Wenn man den Wert der Arbeit einer Hausfrau und Mutter nach der Höhe des Gehaltes bemißt, kommt sie dabei natürlich schlecht weg. Trotzdem ist gerade diese Arbeit für eine Gesellschaft sehr viel wert. Auch die Bibel bezeugt den Wert dieser Arbeit. Das Bild der Hausfrau und Mutter steht in Sprüche 31: Fleißig, umsichtig, energisch, großzügig, besorgt um die Familie, freundlich und fest im Glauben.

Das Hausfrauendasein hat Chancen und Probleme. Einige sollen hier genannt sein:

Chancen

- Zeit kann weitgehend frei verplant und verfügt werden.
- Kreative Fähigkeiten entfalten (Verschönerungen im Haus, sich mit einer sinnvollen Ernährung für die Familie beschäftigen, Blumenpflege und Gartenarbeit, Strikken, Hausmusik treiben).
- Mitarbeit in der Gemeinde.
- Zusammenarbeiten mit Mann und Kindern bei der Schaffung einer positiven familiären Atmosphäre.
- Kassetten hören beim Verrichten routinemäßiger Hausarbeiten bringt die Universität ins Haus.

Probleme

- Monotonie der Hausarbeit.
- »Angebundensein«, vor allem bei kleinen Kindern.
- Der Arbeitstag hat kein Ende.
- Die Wohnung wird als »Schmuckstück« betrachtet, in die zuviel Zeit und Geld investiert wird.

Zeiteinteilung und Planung

Auch wer bisher seine Zeit noch nicht mit Papier und Bleistift eingeteilt hat, sollte jetzt einmal – zumindest probeweise – damit beginnen. Wahrscheinlich sind Sie der Ansicht, daß Sie ein solcher Plan bindet und einengt. Genau das Gegenteil ist der Fall. Wenn alles erst einmal auf einem Zettel festgehalten ist, kann man es ja nach und nach abarbeiten.

Das tempus-Zeitplanbuch hat ein spezielles Formularpaket für die Familie und die Frau. Darin finden Sie alles von der Einkaufscheckliste bis zu den Instruktionen für den Babysitter. Vom Wochenkochplan bis zur Putzcheckliste.

Haben Sie erst einmal ein solches Zeitplanbuch, haben Sie genug Platz, alles zu notieren, was Sie gern erledigt hätten, z. B.:

- Plan für den Hauskreis machen und verschicken.
- Getränke kaufen.
- Rasen mähen.
- Geburtstagsbesuch bei Frau Maier.

Dieses Zeitplanbuch sollte man ständig bei sich haben. Hier wird alles gesammelt, was an Terminen, Absprachen und Tätigkeiten ansteht. Beim Telefon sollten Zettel liegen, auf denen man sich Notizen machen kann, die nachher übertragen werden.

- Ihnen fällt ein, daß die Bücher dringend in die Bücherei zurück sollten. Was tun Sie? Natürlich eine Notiz im Zeitplanbuch.
- Sie entdecken gerade, daß der Paß für den nächsten Urlaub verlängert werden muß. Was tun Sie? Natürlich notieren Sie es sich.

Beruf und Schuldgefühle

Jeder Mensch hat Grenzen. Wenn Gott Sie – aus welchen Gründen auch immer – in einen Beruf geführt hat, werden Schuldgefühle nicht ausbleiben. Es fehlt einfach die Zeit, alles zu erledigen, was für Beruf, Haus und Familie notwendig ist. Auch wenn Sie vieles nicht hundertprozentig erledigen können, sollten Sie keine Schuldgefühle entwikkeln. Wem Gott diese Doppelbelastung auferlegt, dem hilft er auch hindurch und hinüber.

11. Alle Tage wieder – der Arbeitsplatz

Was macht man mit monotoner und stupider Arbeit?

Ein altes chinesisches Sprichwort sagt:

»Wenn du eine Stunde lang glücklich sein willst:
Schlafe.
Wenn du einen Tag lang glücklich sein willst:
Geh Fischen.
Wenn du eine Woche lang glücklich sein willst:
Schlachte ein Schwein und verzehre es.
Wenn du einen Monat lang glücklich sein willst:
Heirate.
Wenn du ein Leben lang glücklich sein willst:
Liebe deine Arbeit.«

Was aber, wenn dies eine monotone und stupide Arbeit ist? Diese monotonen acht Stunden Arbeit täglich! Viele empfinden ihre berufliche Arbeit als ein notwendiges

Übel, das man so schnell wie möglich hinter sich bringt, um dann endlich zu leben: am Feierabend und Wochenende, im Urlaub.

Keine Arbeit – kein Essen

»Wenn jemand nicht arbeiten will, der soll auch nicht essen« (2. Thess. 3,10). So scharf reagiert Paulus auf die Meinung einiger Christen, sie seien durch das Evangelium zu »Höherem« berufen, als ihre Familie zu versorgen. Keine Frage: Für den Christen, der sich berufen weiß, ist Arbeit vor allem ein Auftrag Gottes. Paulus zeigt im Neuen Testament ganz klar, welche Folgen sich aus dieser einzigartigen Begründung ergeben: »Arbeitet mit dem Herzen«, sagt er den christlichen Sklaven in Kolossae, »als dem Herrn und nicht den Menschen« (Kol. 3,23).

Arbeit offenbart Geist

Ob wir fröhlich gerade auch monotone Arbeit tun, ist eine Frage des Geistes und nicht eine Frage der Arbeit. Hierbei wichtig ist also, ob die Verbindung zwischen mir und meinem Herrn in Ordnung ist. Vor einigen Jahren hörte ich den Satz, und er hat mich seither begleitet: »Die Arbeit, die du tust, wird nicht deinen Geist prägen, aber sie wird deinen Geist offenbaren.«

Stimmt es wirklich? David Feled berichtet von einem Gespräch zwischen einem Sozialarbeiter und einem Fließbandarbeiter bei Ford in Detroit: »Was machen Sie?« fragte er. »C 429«, kam die gelangweilte Antwort. »Was ist C 429?« »Ich weiß es nicht.« »Was wird aus C 429, wenn Sie es weitergeben?« »Ich weiß es nicht.« »Wie lange haben Sie schon C 429 gemacht?« »Neun Jahre.« »Ist es nicht einfach töricht«, so fragte der Fürsorger im Rückblick auf dieses Gespräch, »von irgend jemand – auch wenn er der treueste Christ wäre – zu verlangen, daß er neun Jahre lang mit ganzem Herzen diese Arbeit verrichtet?«

Als Christ in unangenehmen Arbeitsbedingungen

Für Sie vielleicht unverständlich, doch meine ich, ein Christ kann dem nicht uneingeschränkt zustimmen. Unangenehme Arbeitsbedingungen dürfen einem Christen seinen Ansporn – von Herzen für den Herrn zu arbeiten – nicht rauben.

Ist die Einstellung zur Arbeit alles?

Sie könnten nun fragen, ob dies eine typisch kapitalistische Haltung mit christlichem Mäntelchen sei. Oder eine idealistisch verbrämte Festschreibung unangenehmer Arbeitsbedingungen auf Kosten des jeweiligen Mitarbeiters. Mißverstehen Sie mich bitte nicht: Die Haltung des einzelnen zu seiner Arbeit, zum Arbeitsplatz, zu den Kollegen und zu seiner Firma ist ein wesentlicher Faktor, der die individuelle Arbeitszufriedenheit mitbestimmt.

Verbesserung der Arbeitsbedingungen

Ein weiterer wichtiger Punkt für einen Christen muß aber die ständige Verbesserung der Arbeitsbedingungen sein. Dies ist natürlich vom Produktionsprozeß, vom technischen Fortschritt, von der finanziellen Kraft der Unternehmung und vom Willen der in der Unternehmung Tätigen (Arbeitgeber, Gewerkschaften, Betriebsrat, individueller Mitarbeiter) abhängig. Die Hindernisse sollten jedoch nicht abschrecken, weitere Schritte auf dem Weg zu einer humaneren Arbeitswelt zu tun.

Überlegen Sie, was Sie in Ihrem Tätigkeitsfeld heute und in nächster Zukunft verändern können.

Christen arbeiten mit Qualität

Unser Zeugnis als Christ offenbart sich nicht nur in dem, was wir tun, sondern auch darin, wie wir etwas tun. Nicht jeder christliche Schüler hat die geistige Fähigkeit, an der Spitze der Klasse zu stehen. Nicht jeder ist zum Manager, Rechtsanwalt oder Chefarzt berufen. Klar, daß Gottes Ruf den Menschen beauftragt, seine körperlichen und geistigen Fähigkeiten voll wahrzunehmen. Klar ist auch, daß in den meisten Firmen harte Arbeit, wie immer sie auch begründet sein mag, gesteigerte Verantwortung, also eine Beförderung mit sich bringt. Trotzdem: Das Entscheidende für den Christen ist, in welcher Gesinnung und Haltung er seine Arbeit verrichtet. Dies wird sich auch in deren Qualität zeigen.

Aus diesem Grund sind Bitten folgender Art nicht berechtigt: »Gib mir die richtigen Arbeitsbedingungen – dann will ich mit ganzem Herzen meine Arbeit tun.«

Christen arbeiten für Gott

Ein Hauptfehler liegt dort, wo wir die Welt einteilen in privates, berufliches und gemeindliches Leben. Alles Leben des Christen ist Arbeit für Gott, denn »alles, was ihr tut, mit Worten oder mit Werken als dem Herrn . . .« Insofern gibt es auch keinen Unterschied zwischen schöpferischer Arbeit und eintöniger Gewohnheitsarbeit. Alles gehört entweder zu unserem Leben für Gott, oder mit unserer Frömmigkeit ist es nicht weit her. Übrigens, für die »schöpferische« wie für die »eintönige« Arbeit gilt: Daß man sich in eine Arbeit »verliebt«, geschieht nicht immer von selbst, sondern erfordert oft erfinderische Anstrengung, um die im Wege liegenden ungeliebten Objekte unschädlich zu machen.

Teil B

Geistig wachsen – Tun Sie etwas für Ihren Geist

12. Gedanken sind Kräfte

Stellen Sie sich positiv zu den Einflüssen des Tages!

Gedanken- Wer gebietet?

Nicht wir haben unseren Gedanken, sondern sie haben uns zu gehorchen. Lassen Sie uns lernen, Gebieter über unsere Gedanken zu werden. Nur so können wir unsere Arbeitsstimmung und unsere Launen in den Griff bekommen. »Positiv denken« heißt die Devise.

Pflegen Sie Gedanken und Gefühle

Keine Frage, Erfolg hängt sehr stark von der persönlichen Einstellung, den eigenen Gedanken, Gefühlen und Gemütszuständen ab. Die entsprechende Beeinflussung erfolgt durch positives Denken und Handeln.

Tun Sie deshalb jeden Tag etwas
- was Ihnen Freude bereitet,
- was Sie Ihren persönlichen Zielen näherbringt,
- was Ihnen einen Ausgleich zur Arbeit schafft.

Eine positive Lebenseinstellung bewirkt, daß unser »geistiges Ich« positiv gestimmt ist. Gedanken aber sind die eigentliche Ursache für das Glück, aber auch für das Unglück im eigenen Leben und in der Welt.

Gefühle bestimmen Gedanken

Tatsache ist, daß alles, war wir letzten Endes tun, mehr von Gefühlen als von rationalen Überlegungen bestimmt wird. Oscar Schellbach formuliert:

> »Gedanken, die unser Gefühl beherrschen, lenken und leiten uns, lassen uns siegen oder untergehen.«

Bei dem Wort »Gedanken« geht es um Vorstellungen und geistige Bilder, auf die wir unsere Aufmerksamkeit lenken und die in uns selbständig zu arbeiten beginnen. Das, was uns die Zukunft geben soll, müssen wir also zuerst einmal in unseren Gedanken schaffen.

Positive Gedanken

Es gibt positive und negative Gedanken, die uns prägen und unser Leben bestimmen. Positive Gedanken sind Gedanken, die Gesundheit und Erfolg ermöglichen, wenn wir über Widerstände nicht klagen und die Angst keinen Raum in uns hat. Für einen Christen ist dies im Grunde genommen nicht sehr schwierig.

Negative Gedanken

Negative Gedanken: Solche Gedanken bewirken Versagen, Not und Krankheit. Man sieht immer den »glücklichen anderen«. Selbst jammert man über seine Leiden. Jeder Fehlschlag ist der Anfang vom Ende. Fernsehen, Radio und Zeitung bringen massiv Negativmeldungen an uns heran. So passiert es leicht, daß uns negative Gedanken, Kummer, Angst und Sorge vollständig in Beschlag nehmen.

Denken Sie positiv!

Denken Sie in Zukunft positiv! Denken Sie, daß Sie schaffen, was Sie sich vorgenommen haben. Wenn Sie denken, daß Sie nicht schaffen, was Sie sich vorgenommen haben, werden Sie das Ziel auch nicht erreichen. Lassen Sie uns deshalb genau überlegen, was wir an uns heranlassen. Wenn Sie einen Kochtopf mit Salz füllen, können Sie doch nicht erwarten, damit ein süßes Gericht zu bekommen.

Ein Christ kann anderen helfen

Für uns als Christen ist die Frage des Woher und Wohin geklärt. Deshalb können wir unser Leben positiv beeinflussen und für unsere Mitmenschen die Umwelt verändern.

»Aber wie soll ich das machen?« werden Sie fragen. Ich kann doch nicht die negativen Einflüsse meiner Umwelt einfach ausschalten wie man ein Licht ausschaltet. Soll ich etwa keine Zetiung mehr lesen?

Umschalten

Es ist Ihre ganz freie Entscheidung, welche Filme Sie anschauen, welche Musik Sie hören und natürlich auch, was Sie lesen. Schalten Sie um! Fangen Sie an, bewußt positiv zu denken.

90 Prozent der Krankheiten sind psychisch

Unser Geist ist zu immensen Leistungen fähig. Nicht nur Krankheit, nein selbst der Tod ist allein durch unsere Vorstellungskraft zu bewirken. In der Medizin ist dies längst erkannt. Scheinmedikamente, sogenannte »Placebos«, bewirken Unglaubliches. Im angelsächsischen Raum geht man davon aus, daß 90 Prozent aller Menschen, die einen Arzt aufsuchen und Heilung für ein körperliches Leiden erwarten, eigentlich nicht körperlich, sondern psychisch angeschlagen sind. Jedes Medikament muß daher von vornherein versagen. In der Bundesrepublik rechnet man mit etwa 80 Prozent, die psychosomatisch erkrankt sind.

Placebos

Wenn Placebos, also Medikamente, die zwar aussehen wie ein Medikament, aber aus einer völlig unwirksamen Substanz bestehen, Patienten helfen können, wird deutlich, wie sehr Vorstellungen wirken können.

Unsere Vorstellungswelt beeinflußt und gestaltet unseren Körper positiv und negativ. Unsere Vorstellung zwingt dem Organismus durch die Beeinflussung des Unterbewußtseins unseren Willen auf. Deshalb: Gestalten Sie Ihr »positives Denken«. Nichts läuft ohne die Kraft Ihrer Vorstellung und Ihres Glaubens.

13. Listen Sie Ihre Wünsche auf und formulieren Sie Ziele!

Überforderung als Herausforderung

Ich will Sie ermutigen, Ihre Ziele aufzuschreiben und sich ernsthaft Gedanken darüber zu machen. Einmal im Jahr sollten Sie diese Ziele neu überdenken (z.B. am Geburtstag).

Schreiben Sie Ihre Ziele auf!

Aber was ist denn ein Ziel? Wenn Sie sagen: »Im nächsten Jahr will ich meine Bibelkenntnisse deutlich verbessern«, dann ist das noch kein Ziel. Das ist ein guter Vorsatz.

Ein Ziel läßt sich durch zwei Kriterien bestimmen:

Was ist ein Ziel?

1. Ist es meßbar? (was, wer, wie, wo, wann . . .)
2. Ist es realistisch?

Was ist denn nun zum Beispiel ein Ziel? Wenn Sie sagen: »Ich werde ab heute jeden Tag ein Kapitel des Lukasevangeliums lesen, um dann mit den 24 Kapiteln in einem knappen Monat durchzusein«, dann ist dies ein Ziel. Es ist realistisch (warum sollte dies nicht möglich sein?) und meßbar (falls Sie in einem Monat nicht durch sind, ist das Ziel verfehlt).

Exakte Zielformulierung

Also formulieren Sie Ihre Ziele so exakt wie möglich! Nicht nebulöse, sondern präzise Angaben, so als ob Sie Ihr Ziel schon erreicht hätten. Nehmen wir einmal an, Sie hätten ein Reisebüro. Wie würden Sie folgendem Kunden helfen?

Kunde: Ich hätte gerne eine Fahrkarte.

Sie: Selbstverständlich, mein Herr. Wohin soll die Reise gehen?

Kunde: Oh . . ., an irgendeinen schönen Ort.

Sie: Ich verstehe Sie nicht recht.

Kunde: Hauptsache irgendwohin. Ich möchte keine Zeit verlieren.

Sie: Zum Beispiel nach . . . wohin?

Kunde: Oh, irgendwohin, wo ich glücklich sein kann. Wo ich ein gutes Einkommen habe. Vielleicht auch ein neues Auto bekomme. Auch wäre es nicht schlecht, wenn ich eventuell einen gutbezahlten Aufsichtsratsposten bekommen könnte, der mir ohne größeren Aufwand den Unterhalt für meine Familie garantiert. Verstehen Sie, ich möchte irgendwohin, wo es für mich und meine Familie einfach schön ist. Geben Sie mir also bitte sofort eine entsprechende Fahrkarte. Ich zahle bar.

Ein unklares Ziel wird nicht getroffen

Solange Ihnen der Mann nicht sagt, was er wirklich will, können Sie ihm weder eine Zugfahrkarte noch ein Flugtikket verkaufen.

Passiert nicht das gleiche auch in unserem Leben?

Etwas werden, ja – möglichst auch wohlhabend. Mit Zielen hat dies nichts zu tun. Ein Sprichwort sagt sehr treffend: »Wenn ich nicht weiß, in welchen Hafen ich segeln will, ist kein Wind für mich der richtige.« Ein unklar formuliertes Ziel ist kaum erreichbar.

Viele Wünsche und Träume gehen aber auch deshalb nicht in Erfüllung, weil man sie aus den Augen verliert, weil man nach einem oder zwei Jahren oft schon nicht mehr weiß, welchen Wunsch man eigentlich gehabt hat.

Deshalb: Fertigen Sie eine Liste an, wo alle Ihre Wünsche und Zielvorstellungen formuliert sind, getrennt nach verschiedenen Bereichen. Was wünsche ich mir beruflich, im Familienleben, in finanzieller Hinsicht? Listen Sie Ihre Träume auf. Nehmen Sie viel Papier und seien Sie ruhig großzügig mit Ihrer Auflistung; stellen Sie Ihren »ganz großen Traum« obenan. Denn wer immer nur kleine Träume hat, wird stets nur kleine Träume verwirklichen können. Wer groß träumt und seine Ziele klar vor Augen hat, der wird auch große Schritte tun.

Setzen Sie sich unter Druck

Der Mensch wächst tatsächlich mit seiner Aufgabe. Betrachten Sie Überforderung als Herausforderung, der Sie gewachsen sind. Stecken Sie ihre Ziele extrem hoch.

Sie tun sich schwer damit, etwas aufs Papier zu bringen? Im folgenden einige mögliche Fragen:

Einige Fragen, die weiterhelfen

1. Planen und gestalten Sie bewußt Ihre Zeit?
2. Ist Ihre »stille Zeit« stark von Lustlosigkeit oder Müdigkeit geprägt?
3. Haben Sie konkrete Pläne über Ihre Weiterbildung?
4. Sind Sie mit Ihrem derzeitigen Freundeskreis zufrieden?
5. Wissen Sie, welche Ihre drei bis vier wichtigsten Begabungen sind?
6. Bringen Sie Ihre Talente irgendwo zum Einsatz?
7. Fällt es Ihnen schwer, Entscheidungen zu treffen?
8. Setzen Sie sich für Ihr persönliches Weiterkommen konkrete Ziele?
9. Wenn Sie drei Wünsche frei hätten, ohne Einschränkung, was würden Sie sich wünschen?
   1) ....
   2) ....
   3) ....

14. ... und was ist nun Ihr Plan?

Wie Sie Ihre Träume realisieren können

Gute Planung ist die halbe Arbeit

Gut geplant ist schon halb geschafft. Das ist eine Binsenweisheit. Trotzdem wird oft argumentiert, wer ohnehin schon unter Zeitdruck stehe, könne nicht auch noch Zeit zum Planen haben.

Die Zeit, die man zum Planen benötigt, holt man aber in der Ausführung wieder herein. Geplantes Arbeiten läuft organisiert, ruhig und gezielt ab.

Vom Plan zur Tat

Es genügt nicht, Ziele nur zu formulieren und auszuarbeiten. Unbedingt dazu gehört das Einleiten der notwendigen Maßnahmen und das Durchführen von Aktionen, die zum Ziel führen!

Was muß ich als Nächstes tun?

Angenommen, Sie hätten sich zum Ziel gesetzt, befördert zu werden. Dann müssen Sie sich auch Gedanken darüber machen, welche Maßnahmen Sie treffen können, um Ihr Ziel zu erreichen, z.B.:

- Stellenwechsel innerhalb des Betriebes.
- Sich unentbehrlich machen.
- Spezielles Fachwissen erwerben.
- Konkurrenten überflügeln.
- Das Unternehmen wechseln.

Nun nehmen wir weiter an, Sie hätten sich entschieden, Ihren beruflichen Aufstieg durch den Erwerb von speziellem Fachwissen zu sichern. Damit können Sie weitere »Unter-Maßnahmen« definieren, z.B.:

- Fachbücher lesen.
- Fachzeitschriften abonnieren.
- Kurse besuchen.
- Medienangebot ausnutzen.
- Fernstudium aufnehmen.

Der Planung folgt die Realisierung

Am Ende der Planung steht dann die Realisierung jedes einzelnen Schrittes.

Nachstehende Punkte stellen weitere Hilfen dar, wie ein Ziel zu realisieren ist

- Legen Sie Ihr Arbeitsziel genau fest (was, wann, wie, wo ...).
- Halten Sie sich Ihr Ziel stets buchstäblich vor Augen, z.B. können Sie es sich aufschreiben und an die Pinwand hängen.
- Analysieren Sie die Ausgangssituation.
- Zerlegen Sie nötige Maßnahmen in Untermaßnahmen.
- Legen Sie einen genauen Zeitbedarf fest.
- Denken Sie darüber nach, welche Wege zum Ziel führen. (Nicht alle, aber viele Wege führen nach Rom.)

Beginnen Sie stets positiv!

Beginnen Sie diesen Weg positiv: Erledigen Sie zuerst eine der angenehmen Teilarbeiten.

Mitschreiben lohnt

Auch beim Planen gilt der Grundsatz: Die blasseste Tinte ist besser als das beste Gedächtnis. Halten Sie Ihre Gedanken immer schriftlich fest.

Über folgende Bereiche sollten Sie schriftlich nachdenken:

1. Langfristige Planung (ca. fünf Jahre)
2. Mittelfristige Planung (ca. zwei bis drei Jahre)
3. Kurzfristige Planung (Einjahresplan)
4. Monatspläne
5. Tagespläne

Nehmen Sie sich jedes Jahr ein Wochenende Zeit, um die Planung und Zielsetzung zu überprüfen.

Kontrolle heißt: Gesetzte Ziele mit den erreichten Ergebnissen vergleichen. Auf diese Weise sind Sie stets im

Bilde über Ihre Situation, können Korrekturen vornehmen und kritisch zu Ihrem Handeln stehen.

Im Bild noch einmal der Regelmechanismus zwischen Planung, Durchführung, Kontrolle und Korrektur:

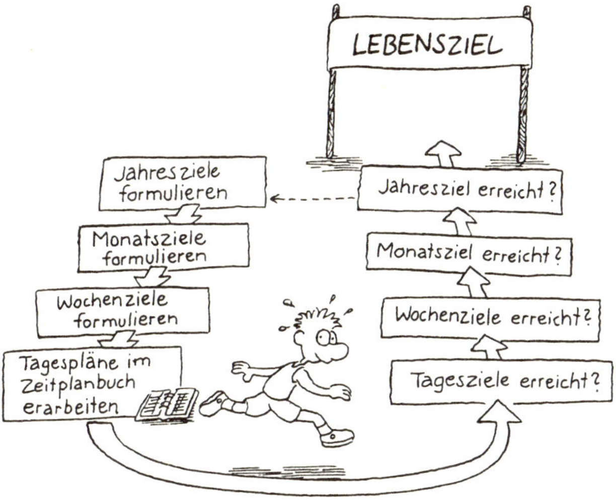

Erfolge lassen sich planen!

Hervorragende Ergebnisse, die rein zufällig erreicht werden, sind schöne Überraschungen – aber sehr selten. Da sind geplante Erfolge besser – sie sind häufiger und vor allem; sie sind beeinflußbar!

Ziele sind Herausforderungen an uns selbst. Ein lohnendes Ziel lockt uns aus der Reserve. Richten Sie stets folgende Frage an sich: Jetzt im Augenblick tue ich etwas. Tragt diese Tätigkeit zum Erreichen meiner Ziele bei?

Anhand dieser Checkliste können Sie sich die Planerstellung erleichtern

1. Ziel: . . . .
2. Bis zu welchem Zeitpunkt will ich das erreichen? Jahr: Monat: Tag:
3. Welche Informationen benötige ich? . . . .
4. Welche Probleme sind zu erwarten? . . . .
5. Wie kann ich die Probleme beseitigen? . . . .
6. Welche Maßnahmen muß ich treffen? Wann? . . . .
7. Welchen Stellenwert hat dieses Ziel für mich? Sehr wichtig . . . . O Nicht so wichtig . . . . O Wenig Bedeutung . . . . O

Wie diese Liste ausgefüllt werden kann, zeigt das folgende Beispiel

1. Ziel: Vertriebsleiter für Skandinavien werden . . .		
. . . .		
2. Bis zu welchem Zeitpunkt will ich das erreichen?		
Jahr: 1989	Monat: Januar	Tag: 21
3. Welche Informationen benötige ich?		
Wann genau geht der jetzige Vertriebsleiter in den Ruhestand?		
4. Welche Probleme sind zu erwarten?		
Meine betriebswirtschaftlichen Kenntnisse müßten besser sein.		
. . . .		
5. Wie kann ich die Probleme beseitigen?		
Kurse besuchen		
Fachzeitschriften lesen		
Mit Fachleuten ins Gespräch kommen		
6. Welche Maßnahmen muß ich treffen?		Wann?
Berufsbegleitende Weiterbildung zum		03/05/86
Fachkaufmann (IHK) für Außenwirtschaft		. ./ . ./ . .
Für den Kurs anmelden		sofort
7. Welchen Stellenwert hat dieses Ziel für mich?		
Sehr wichtig		O
Nicht so wichtig		O
Wenig Bedeutung		O

15. Management by Zeitplanbuch

Schluß mit der Zettelwirtschaft

Wer hat denn schon Zeit?

Haben Sie genügend Zeit? – Wenn Ihre Antwort darauf ein kräftiges, deutlich hörbares »NEIN!« ist, so entspricht das der Reaktion der großen Mehrheit aller Menschen.

Die bedeutendste Rolle bei allen Versuchen, den Streß am Arbeitsplatz in den Griff zu bekommen, kommt einer gut organisierten und durchdachten Zeitplanung zu.

Ein Notizblock beruhigt

Da wir nicht alles im Kopf behalten können, müssen wir viele Informationen außerhalb speichern; üblicherweise werden dann Notizen auf Aktendeckel, Zettel, Kalender und Notizblöcke gekritzelt – das beruhigt.

Was bleibt, ist die Unsicherheit, ob man diese Notiz später auch (rechtzeitig!) wiederfindet. Allein diese unbewußte Unruhe läßt Streß entstehen. – Um so mehr die spätere Hektik bei der Suche, oder wenn man feststellen muß, daß man die Aufgabe nicht rechtzeitig und nur noch unbefriedigend erledigen kann.

Das »Parkinsonsche Gesetz« besagt folgendes: Jede Arbeit läßt sich wie Gummi dehnen, um die Zeit auszufüllen, die zur Verfügung steht. Diese Tatsache ist allgemein anerkannt. Setzen Sie sich daher für jede Arbeit einen bestimmten Endzeitpunkt. Schauen Sie vor Beginn der Arbeit auf die Uhr und sagen Sie: Jetzt ist es X Uhr. In 10 Minuten habe ich diese Aufgabe erledigt. So ein Limit macht erstaunliche Reserven mobil.

To-do-List

Eines der einfacheren Mittel, die anfallenden Aufgaben möglichst effektiv und vollständig zu bewältigen, ist die »To-do-List«. (In Knoblauch, »Lernstreß ade!«, tempus. und R. Brockhaus Verlag, Seite 28ff.)

Eine Weiterentwicklung der »To-do-List« ist das Zeitplanbuch. Durch den Einsatz eines tempus. Zeitplanbuches können Sie Ihre gesamte Arbeit täglich, wöchentlich, monatlich besser planen, organisieren, koordinieren und rationeller mit Ihrer Zeit umgehen!

- Das Zeitplanbuch verbessert die Qualität und den Erfolg der eigenen Arbeit!
- Bei nur 12,5 Prozent Rationalisierung sparen Sie bei einem Achtstundentag eine ganze Stunde! (Die meisten Anbieter versprechen 15-35 Prozent Rationalisierung.)
- Das Zeitplanbuch ist Terminkalender, Tagebuch, Notizbuch, Planungsinstrument, Erinnerungshilfe, Adreß- und Telefonregister, Ideensammlung und Kontrollinstrument gleichzeitig.

Wie sieht nun ein Zeitplanbuch aus?

Was ist ein Zeitplanbuch?

Es ist in erster Linie eine Loseblattsammlung, die in einem kleinen Ringbuch zusammengefaßt ist. Jeder Tag hat eine Extra-Seite. Dadurch, daß immer nur die Blätter von zwei bis drei Wochen mitgeführt werden, ist das Ganze relativ dünn. Weitere Blätter mit Notizen aller Art ergänzen das Buch.

Das Zeitplanbuch soll ein ständiger, persönlicher Begleiter sein, sozusagen Ihr schriftliches Gedächtnis.

Daher empfiehlt sich als Format etwa DIN A6, damit es leicht in Ihre Jackentasche paßt und immer zur Hand ist.

Wer allerdings A4-Listen verkleinern will oder wer A5-Formulare braucht, weil er eine großzügige Schrift hat, der sollte auf das tempus-Zeitplanbuch DIN A5-Format zurückgreifen. Nicht zuletzt hat er hier mehr Inhalt und mehr Ablagemöglichkeiten.

Die Zeitinventur hat in drei Schritten zu erfolgen

Zeitinventur – aber wie?

Schritt 1: Zeitnutzungsanalyse
Schritt 2: Zeitverlustanalyse
Schritt 3: Zeitverschwendungsanalyse

Was sich dahinter verbirgt, und wie dabei vorzugehen ist, soll im folgenden erklärt werden.

Unter Schritt 1 versteht man eine einfache Messung des Zeitverbrauches, wobei berücksichtigt werden soll, für welche Tätigkeiten die Zeit aufgewendet wurde.

Die Zeitverlustanalyse (Schritt 2) soll herausfinden, durch welche Fehler oder Routinetätigkeiten Sie Zeitverluste erleiden. – Gleichzeitig sollten Sie überlegen, ob man diese Fehler schnell und einfach beseitigen kann, z.B. durch Benutzung von Checklisten.

Die Zeitverschwendungsanalyse (Schritt 3) gibt Ihnen Auskunft, wo Sie Zeit für wirklich sinnlose Dinge verlieren. Sie werden sich wundern, wie oft das der Fall ist!

Ursachen für Zeitverschwendung

Wo verschwenden Sie Ihre Zeit?

Unklare Zielsetzung / Keine Prioritäten / Schlechte Information / Schlendrian / Unterbrechungen / Konferenzen / Besucher / Lange Kaffeepausen / Zuviel auf einmal zu tun / Unorganisierte Arbeitsmethode / Übertriebene Kontrolle / Papierkorbpost / Zuviel reden / Bürokratismus / Suche nach Akten / Unentschlossenheit / Wartezeiten / Mangelnde Planung / Keine Tagesplanung / Mangelnde Motivation / und vieles andere mehr.

Arbeiten mit dem Zeitplanbuch

Das Zeitplanbuch ist auf eine methodische Anwendung ausgerichtet. Dabei muß jeder selbst herausfinden, wie die optimale Methode für ihn aussieht, wie er sich selbst am besten managen kann!

Die Vorgehensweise bei der Nutzung eines Zeitplanbuches ist folgende

1. Alle Aufgaben werden laufend eingetragen.
2. Tagesziele werden formuliert. (Aufgaben mit der höchsten Priorität)
3. Jede erledigte Aufgabe wird gekennzeichnet.
4. Unerledigtes wird am Ende des Tages auf den nächsten Tag übertragen.

Wie ein Tagesplan in etwa aussehen kann, können Sie auf untenstehender Tabelle sehen

T A G E S P L A N

Besonderes:		Priorität
7.00 Uhr	Stille Zeit bis 7.30	
7.30 Uhr		
8.00 Uhr	Beratung bei Rechtsanwalt Justitian	A
8.30 Uhr		
9.00 Uhr		
9.30 Uhr	Einstellungsgespräch Herr Kunz (REFA-Fachmann!)	B
10.00 Uhr		
10.30 Uhr	Herrn Müller am Bahnhof abholen	B
11.00 Uhr		
11.30 Uhr		
12.00 Uhr	Mittagessen mit Herrn Müller in der "Goldenen Gans"	
12.30 Uhr		
13.00 Uhr		
13.30 Uhr	Referat über Personalführung mit Direktor Schulze	A
14.00 Uhr	durchsprechen.	
14.30 Uhr		
15.00 Uhr		
15.30 Uhr		
16.00 Uhr		
16.30 Uhr		
17.00 Uhr		
17.30 Uhr	Telefonat USA (Mr. Chairman)	C
18.00 Uhr	Ergebnisbericht an Frau Hinz weiterleiten, vorher	C
18.30 Uhr	Frau Rot benachrichtigen!	C
19.00 Uhr		
ABENDS ZU ERLEDIGEN / TERMINE		

Prioritäten sind wichtig!

Wie Sie sehen, ist es unerläßlich, sich Prioritäten zu setzen, also ganz klar zu formulieren: Was ist wirklich wichtig und was ist weniger wichtig?

Außerdem ist es von Bedeutung, daß der Tagesplan am Abend noch kurz überarbeitet wird; das ist die Kontrolle, ob alle Aufgaben erledigt sind. Auf diese Weise blicken Sie nach getaner Arbeit auf die erledigten Dinge zurück und verschaffen sich noch einmal ein Erfolgserlebnis. – Sie schließen den Tag positiv ab!

Pareto: 80/20-Regel

Bei Ihrer Terminplanung sollten Sie das »Pareto-Prinzip« im Kopf haben. Es besagt, daß 20 Prozent aller Anstrengungen bereits in 80 Prozent der Ergebnisse münden, wenn tatsächlich an den Prioritäten gearbeitet wurde. Das Umgekehrte gilt natürlich auch, 80 Prozent der Anstrengungen ergeben nur 20 Prozent des möglichen Erfolges, wenn nicht an den wichtigsten Aufgaben gearbeitet wurde.

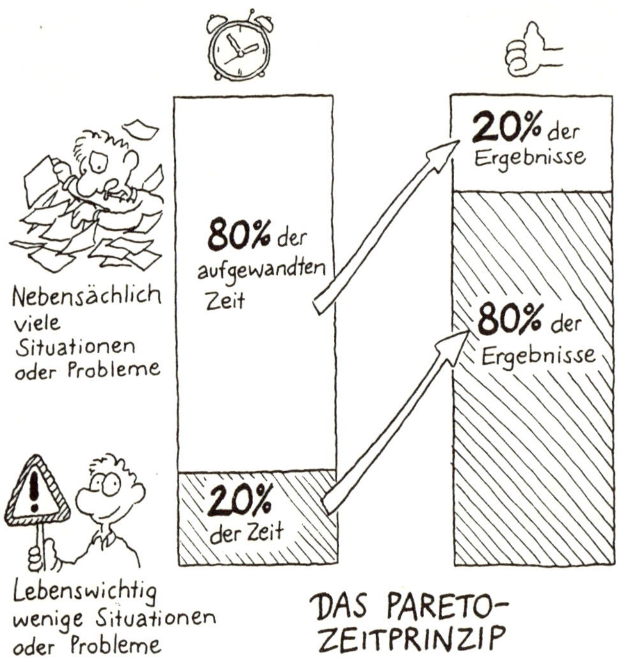

Manche nutzen zum Aufstellen des Tagesplanes die ALPEN-Methode

ALPEN-Methode

A – Aufgaben zusammenstellen.
L – Länge der Tätigkeiten schätzen.
P – Pufferzeiten reservieren.
E – Entscheidungen über Prioritäten, Kürzungen treffen.
N – Notizen ins Zeitplanbuch übertragen.

Der Aufbau eines Zeitplanbuches

Das Zeitplanbuch

1. Kalenderteil:
- Jahreskalendarium (herausklappbar)
- Monats- und Wochenpläne
- Tagesplanblätter (Grundsatz: pro Tag ein Blatt!)

2. Beruflicher und persönlicher Daten-Teil:
- Notizblätter
- Messe- und Seminartermine
- Miniorganisationspläne
- Lohn- und Gehaltstarife
- Geburtstagsliste
- Bücherlisten
- Veranstaltungstermine
- Hoteladressen
- Währungstabellen
- Fahrpläne usw.

3. Telefonregister und Adreßregister

4. Ideensammlung

5. Checklisten

6. Allgemeines
Klarsichttaschen für Fotos, Briefmarken, Scheckkarten, Firmenausweis, Visitenkarten usw.

Der Preis fürs Zeitplanbuch

Ein Zeitplanbuch kostet zwischen 50,- und 300,- DM. Es gibt die verschiedensten Ausführungen; der Preis hängt jedoch nicht nur davon ab, ob das Buch in Leder oder Kunstleder gebunden ist, ob es einen Goldaufdruck hat oder nicht.

Das Innere macht den Preis

Der Preis wird im wesentlichen davon bestimmt, wie das Innenleben des Buches gestaltet ist. Es gibt Zeitplanbücher, die nur jeweils eine Seite zur Gestaltung einer Woche anbieten. Dementsprechend günstig ist der Preis.

Wenn man jedoch sehr fein plant, wird eine Seite bald zu wenig sein. Dann gibt es solche, die jeweils eine Seite für einen Tag haben. Da wird die Planung schon feiner, aber der Preis höher.

Jeder Tag hat zwei Seiten

Zeitplanbücher, die ein detailliertes Planen ermöglichen, bieten für jeden Tag zwei Seiten; damit ist genug Raum für Terminplanung und Notizen, für Zielsetzungen und Ideen.

Ringmechanik ist ein Muß

Ein unbedingtes Muß für ein Zeitplanbuch ist die Ringmechanik, damit man Blätter einlegen und entnehmen kann, wie eben der Bedarf ist.

Wenn Sie sich nun ein Zeitplanbuch zulegen, dann z.B.: ein tempus. ZEITPLANSYSTEM, Postfach 1420, 7928 Giengen, Tel. 07322/13639, Fax 07322/13619.

16. Grossmann, Hirt, Mewes, tempus.

Seminaranbieter für Zeitmanagement im Vergleich

Planungsmethoden

Es gibt eine ganze Reihe von Methoden, die den durchschlagenden Erfolg versprechen, wenn es um bessere Arbeitsbewältigung und Zielerreichung geht.

Einige Methoden im deutschsprachigen Bereich sind:

1. Die Methode von Dr. *Gustav Grossmann,* München, (angeboten durch das *HelfRecht* Studienzentrum, und das Josef Schmidt Colleg)
2. Die Methode von *Josef Hirt,* Zürich
3. Die Methode von *Wolfgang Mewes,* Frankfurt/M.
4. Die *tempus.* Methode

Um Ihnen einen kurzen Überblick zu verschaffen, was Sie von einem solchen Methoden-Seminar erwarten können, sollen im folgenden die vier Methoden umrißartig vorgestellt werden:

Die Grossmann-Methode

Grossmann-Methode

Ziel der Methode ist es, die Gaben eines jeden Menschen aufzudecken und zu fördern. Damit sollen das Können und die Lebensqualität gesteigert werden. – Es werden alle Lebensbereiche erfaßt; von der Arbeitswelt bis zum Privatleben. Sie ist auf eine Einzelperson (Grundseminar) ebenso anwendbar wie auf ein ganzes Unternehmen (Seminar Unternehmensenergie).

Sie wendet sich an all jene, die an einer Steigerung ihres Könnens interessiert sind. Anwendbar ist sie auf alle täglichen und nichtalltäglichen Aufgaben.

Die Grossmann-Methode besteht aus sechs Stufen:

1. Begabungsanalyse
2. Zeitplantechnik und Zeitplanbuch
3. Verursachungsplan-Technik
4. Analyse der beruflichen Situation
5. Analyse der persönlichen Situation
6. Methodik Trainingsprogramm

Die Hirt-Methode

Hirt-Methode

Ziel ist es, eine optimale Lebens- und Arbeitsgestaltung zu erreichen. Der Mensch soll als Ganzheit gefördert werden und aufblühen. Die persönliche Reifung steht im Mittelpunkt.

Auch hier gibt es sechs Schwerpunkte:
1. Gesetzmäßigkeiten menschlicher Motivation, Reaktionen und Verhaltensweisen
2. Autodynamische Zeitplanung
3. Eliminierung von Störungen
4. Problemlösungstechnik
5. Dynamische Analyse (Berufs- und Geschäftsplanung)
6. Dynamische Privat-Analyse

Die Methode von Wolfgang Mewes: EKS

Engpaß-konzentrierte Strategie

EKS = Engpaßkonzentrierte Strategie; aber auch: Energo-Kybernetische Strategie.

Die EKS will dem Individuum seinen speziellen Weg gestalten helfen, entsprechend seiner Eignung und seinen Neigungen.

Höheres Einkommen bzw. höhere Gewinne (für Unternehmen) sind dabei die »automatische« Folge.

Die zwölf Lehreinheiten der EKS zielen darauf ab, die Karrierepläne in die Realisationsphase zu bringen, den beruflichen oder wirtschaftlichen Aufstieg zu planen.

Die EKS-Strategie wird als Fernkurs durchgeführt und endet mit einer schriftlichen Abschlußprüfung oder mit einem Seminar mit anschließender Klausurprüfung.

Die tempus. Methode

Die tempus. Methode besteht aus verschiedenen Seminarteilen, die sich im Baukastensystem aneinanderreihen.

1. Seminar: Zeitmanagement

Im Zentrum dieses Seminars steht das tempus. Zeitplansystem, in das anhand von konkreten Praxisbeispielen eingeführt wird. Ein ideales Seminar, um seine persönliche Zeit in den Griff zu bekommen.

2. Seminar: Selbstmanagement

Für Menschen, die gewohnt sind, mit einem Zeitplansystem zu arbeiten, geht es nun darum, die richtigen Ziele und Prioritäten zu setzen und sich auf das zu konzentrieren, was den »aussichtsreichsten Zug« verspricht. Vor allem geht es auch darum, berufliche und private Ziele zu harmonisieren.

3. Seminar: Sich und andere besser kennenlernen

Für Personen, die ein effizientes und schlagkräftiges Team aufbauen oder auch nur ihre eigenen Stärken und Schwächen kennenlernen wollen. Anhand des weltweit benutzten DISG-Profils hat der Teilnehmer die Möglichkeit, zu einer richtigen Einschätzung seines Typs zu gelangen. Ideal auch für Personen, die sich auf einen größeren Verantwortungsbereich vorbereiten wollen.

4. Seminar: Spitzenleistungen

Hier geht es darum, dem Teilnehmer neue Wege zu Spitzenleistungen sowohl im persönlichen als auch im unternehmerischen Bereich aufzuzeigen. (Weitere Infos bei tempus., Seminare, Postfach 1420, W-7928 Giengen.)

Zusammenfassung

Wer ist der Beste?

Wer ist nun der Beste? – Was für Sie das beste Programm ist, hängt von Ihrer Persönlichkeit ab. Als Rückwärtsgewandter mit Liebe zum Detail macht Ihnen sorgfältiges Ausfüllen von Formularen vielleicht sogar Freude. Dann ist Hirt für Sie der richtige Partner.

Welcher Seminaranbieter für Sie selbst den größten Nutzen bietet, müssen Sie selbst entscheiden. Eine wirklich aufschlußreiche Entscheidungsgrundlage kann aber nur sein, wenn Sie sich bei den Veranstaltern direkt informieren und sich Ihr eigenes Urteil bilden.

Gesellschaft für Arbeitsmethodik

Wenn Sie sich den Überblick über die weiteren am Markt befindlichen Methoden verschaffen wollen, sollten Sie sich mit der »Gesellschaft für Arbeitsmethodik« (GfA), Dipl.-Kfm. Hans Clemm, Dankwartweg 14, W-6700 Ludwigshafen-Edigheim, in Verbindung setzen. Die GfA unterhält in allen großen Städten Ortsgruppen mit regelmäßigen Veranstaltungen.

Ein bedeutendes Merkmal haben alle diese Seminaranbieter gemeinsam. Jeder von ihnen bietet ein Instrumentarium, sozusagen Werkzeuge, die dem einzelnen Teilnehmer genug Freiraum bieten, die Methode auf seine eigenen Belange zuzuschneiden und anzuwenden.

Vielleicht sind Sie über die Preise der Seminare zunächst erschrocken. – Unter dem Gesichtspunkt, daß die Teilnahme an einem dieser Seminare Ihr ganzes Leben verändern könnte, verkehrt sich der Schreck dann leicht ins Gegenteil.

17. Unterwegs zur Entfaltung der Persönlichkeit

Die Arbeit am eigenen Ich

Das Ich entwickeln

Es gibt einen Menschen, den können Sie niemals abschütteln, er bleibt Ihr ständiger Begleiter, Ihr ganzes Leben lang: Ihr Ich! Es lohnt sich also, dieses Ich so zu entwickeln, daß Sie gerne mit ihm zusammen sind und daß es Ihnen nützt.

95 Prozent der Menschen sind Zuschauer. Sie laufen mit. Sie tun das, was alle tun. Diese Menschen sind unkri-

tisch, lassen sich mitreißen von den glänzenden Reden anderer. Kurzum: Es sind keine Persönlichkeiten. Fünf Prozent sind Persönlichkeiten. Sie haben eine Lebensmitte, die sie in allen Dingen bestimmt. Sie sind es, die etwas unternehmen und den Lauf der Weltgeschichte bestimmen.

95 Prozent Zuschauer, 5 Prozent Persönlichkeiten

Jeder engagierte Christ hat diese geistige Mitte, von der aus er Dinge beurteilen, durchschauen und gestalten kann. Geistige Strömungen und alle Phänomene des Lebens können von dieser Mitte her »kritisch« befragt werden. Jeder Christ, der sich bewußt Zeit nimmt, um sich in die Gegenwart Jesu zu stellen und sich damit an IHN bindet, ist eine solche Persönlichkeit. Diese Bindung befreit von allen anderen Mächten und Ansprüchen.

Christen haben eine Mitte

Die Arbeit am eigenen Ich heißt Mängel und Schwachstellen kennen und gezielt anpacken. Eine Volksweisheit sagt: »Wer viel arbeitet, macht viele Fehler – wer wenig arbeitet, macht wenig Fehler – wer wenig Fehler macht, wird befördert!« Wie so oft, enthält auch dieser Satz einen richtigen Kern. Tatsächlich wird, wer wenig Fehler macht, oftmals befördert. Wenig Fehler macht jedoch normalerweise derjenige, der seine Schwachstellen erkannt und an ihrer Beseitigung systematisch gearbeitet hat.

Vier Stufen zur Persönlichkeitsbildung

Im folgenden sollen vier Stufen zur Persönlichkeitsbildung beschrieben werden:

Stufe 1: Selbstbeobachtung

Hier geht es darum, sich selbst ganz bewußt zu beobachten. Wie tun Sie etwas, wie reagieren Sie, wie sprechen Sie, wie gehen Sie mit anderen Menschen um?

Selbstbeobachtung

Stufe 2: Selbsterkenntnis

Selbsterkenntnis

Versuchen Sie jetzt, das Beobachtete zu analysieren. Welche typischen Verhaltensweisen fördern Sie zutage? Warum und wann handeln Sie in bestimmten Fällen so und nicht anders?

Stufe 3: Selbstkritik

Selbstkritik

Selbstkritik ist hart, aber für die Persönlichkeitsbildung unverzichtbar. Stellen Sie die Punkte heraus, die Sie in Ihrer Entwicklung hemmen. Sicher haben Sie so manche schädliche Verhaltensweise entdeckt. Es ist immer noch einfacher, mit der Selbstkritik zu leben als mit der Kritik anderer. Also stehen Sie nicht mehr Ihrer eigenen Entwicklung im Wege und schaffen Sie die Voraussetzungen für eine Änderung. Anlaß zur Selbstkritik könnte z.B. sein:

1. Kritik anderer kann ich absolut nicht ertragen. Darauf reagiere ich sehr aggressiv.
2. Meine Ungeduld führt dazu, daß ich andere nicht ausreden lasse und auf andere einen »Besserwissereindruck« mache.
3. Meine eigene Empfindlichkeit ist völlig übertrieben. Wenn jemand einmal kurz angebunden ist, denke ich sofort, er ist gegen mich.
4. Fremde Menschen machen mich unsicher. Meine Überzeugungskraft, mein Auftreten ist nicht gerade brillant.

Stufe 4: Selbsterziehung

Selbsterziehung

Ihre ganze Selbstkritik nützt nichts, wenn Sie keine Konsequenzen daraus ziehen. Jetzt geht es darum, nachhaltig Verhaltensweisen zu ändern, Schwachstellen konsequent zu verbessern. Dies ist die schwierigste Stufe zur Persönlichkeitsbildung. Jetzt geht es ja um Veränderung von Verhaltensweisen. Dies verlangt Stärke und Mut, Einsicht und Verstehen. Wir alle wissen: Mit Autorität allein kommt man nicht durch. Auch die Funktion oder Position, die man innehat, bewirkt nicht viel. Dagegen ist die eigentliche Persönlichkeit der entscheidende Faktor.

Lassen Sie uns die auf Stufe 3 genannten Erkenntnisse noch einmal herausnehmen und entsprechende Maßnahmen ableiten:

Erkenntnisse – viele Schritte

1) In Zukunft möchte ich auf Kritik positiv reagieren:
- Ich werde nicht mehr mit Gegenkritik kontern. Ich werde mich nur noch in wirklich begründeten Fällen verteidigen, wenn ich den Eindruck habe, daß der Angriff auf einem Mißverständnis beruht.
- Ich bin bereit, mich zu entschuldigen und die Angelegenheit in Ordung zu bringen, wo immer Kritik berechtigt ist. Wiederholungsfälle soll es nicht geben.
- Wo es sich um belanglose Kritik handelt, möchte ich sie vergessen. Überhaupt möchte ich Kritik als neue und wichtige Information betrachten, aber ansonsten gelassen bleiben.

2) Die eigene Ungeduld bekämpfen:
- Ich will lernen, den anderen zu akzeptieren, auch wenn er langsam ist und sich umständlich ausdrückt. Es ist in Ordnung, wenn andere ein anderes Tempo haben, das ihrer Persönlichkeit gemäß ist.
- Ich will dem Rhythmus von Zuhören, Abwarten und Sprechen mehr Bedeutung schenken.

3) Die eigene Empfindlichkeit verringern:
- Wenn jemand kurz angebunden ist, phantasiere ich nicht, was er wohl gegen mich hat, sondern ich gestehe zu, daß mein Gegenüber im Moment auf andere Dinge fixiert ist.
- Kann ich Dinge nicht einordnen, unterstelle ich dem anderen nicht, daß er gegen mich ist, sondern werde diese Unklarheiten durch Fragen klären.
- Die anderen sollen ruhig reden. Was sie reden, ist für mich nicht entscheidend. Ich übernehme die Verantwortung für mich und meine Gefühle.

4) Die eigene Überzeugungskraft verbessern:
- Ich werde nie drohen und warnen. Positive Angebote sind viel stärker. Ich werde immer überlegen, was für die Gegenseite attraktiv ist.
- Druck werde ich nicht nachgeben, sondern die Gegenseite zum vernünftigen Argumentieren auffordern.
- Ziel soll es nicht sein, mich zu verteidigen, sondern die Gegenseite zu Kritik und Ratschlag einzuladen.
- Auch die äußerlichen Dinge will ich verändern. Blickkontakt aufnehmen, den Kopf nicht hängen lassen, eine kräftige, ruhige Stimme entwickeln, Gestik einsetzen. Dies wird mir helfen, Sicherheit und Kontaktstärke auszustrahlen.

Entfaltung der Persönlichkeit – Einige Anregungen

1. Auslandsaufenthalte

Auslandsaufenthalte

Daß gerade Auslandserfahrung eine positive Wirkung auf die Entwicklung einer weltoffenen, kulturbewußten und sozialverantwortlichen Persönlichkeit hat, ist unbestritten. Nach einer Erhebung des Europarates studieren in Europa nur etwa 0,05 Prozent der Studenten vorübergehend im Ausland. Das ist ein Student von 2.000. Diese Zahl ist seit Jahren stark rückläufig, man spricht von einer »Auslandsmüdigkeit«.

Im folgenden Buch stellen sich ungefähr 150 Institutionen vor, vom Schüleraustausch und Au-pair-Aufenthalbis zum Forschungsaufenthalt im Ausland: »Wege ins Ausland« von H. Georg Brodach, Hartmut Gaul, Carsten Kreklau. Ein Ratgeber für Ausbildung, Beruf und Freizeit im Ausland, Weltforum Verlag/München – Köln – London.

Übrigens, wer sich in Englisch unterhalten will, hat in der Welt 386 Mio. Gesprächspartner, die Deutschen mit Deutsch 120 Mio., immerhin noch mehr als die nur Französisch sprechenden Franzosen; ihnen stehen nur 103 Mio. zur Verfügung.

2. Fachveranstaltungen nutzen

Fortbildungsseminare

Mancher Referent übertrifft in seiner Wirkung starke Schlaftabletten. Es gilt: »Wenn alles schläft und einer spricht, so nennt man dieses Unterricht.« Trotz alledem: Wer die Möglichkeit hat, berufliche Fortbildung zu suchen, sollte dies nutzen, indem er
- sich ganz vorne in die unmittelbare Nähe des Referenten setzt;
- viel mitschreibt;
- sich durch geeignete Literatur gezielt auf die Vorträge vorbereitet und Fragen aufschreibt, die der Vortragende beantworten soll;
- aktiv und kritisch zuhört.

3. Wirtschaftsspiele

Wirtschaftsspiele

»Wirtschaftsspiele«, wie z.B. Monopoly, bieten Entspannung und vermitteln Verständnis für die Arbeitswelt und wirtschaftliche Zusammenhänge. Spielen ist ein ideales Mittel zum Abschalten nach beruflichem Streß. Wirtschaftsspiele sind Spiele, die in der Familie spielbar sind, die zwar fordern, aber ohne zu strapazieren. Hier eine kleine Auswahl:

Drei Spiele-empfehlungen

»Playboss«, Otto Maier-Verlag, Ravensburg, ca. 70,- DM, drei bis neun Spieler (man sollte schon einige Stunden Zeit mitbringen und marktwirtschaftliche Begriffe kennen).

»Executive Decision«, hobbycommerz GmbH, Rottgau,

45,- DM, zwei bis sechs Spieler (weniger ein Familienspiel, mehr unter Kollegen, die hart arbeiten wollen).

»Öl für uns alle«, Otto Maier-Verlag, Ravensburg, 32,- DM, drei bis sechs Personen (komplexes Geschehen, relativ kompliziert).

Planspiele

Planspiele sind eine Synthese zwischen betriebswirtschaftlicher Entscheidungsfindung mittels computersimulierter Unternehmensmodelle und der sozialpsychologischen Steuerung gruppendynamischer Vorgänge in Entscheidungsteams. Mittlerweile gibt es Hunderte von Planspielen zu unterschiedlichen Themen. Planspiele wecken Interessse an wirtschaftlichen Zusammenhängen und helfen Fachwissen zu erwerben bzw. zu verbessern. (Interessenten wenden sich an Dr. Walter Roh, Planspielzentrale, Fonkeln 51, 5600 Wuppertal 12.)

4. Bewußt Herausforderung suchen

Herausforderungen suchen

Auch im Bereich der Persönlichkeitsbildung gilt: Überforderung ist eine gute Herausforderung. Z.B. lohnt es sich, einmal zu überprüfen, welche Bücher ich lese. Unwesentliche Literatur heißt doch, daß wir nur Unwesentliches weiterzugeben haben. Bücher, die geistige Klarheit schaffen, werden helfen, solche geistige Klarheit selbst weitergeben zu können. Solche Literatur bedarf der systematischen Erarbeitung. Es ist notwendig, immer wieder an den Buchrand handgeschriebene Notizen zu machen, in denen man das Gelesene zusammenfaßt.

5. Schulen Sie Ihre Stimme

Stimmschulung

Durch eine angenehme Stimme haben Sie es leichter, sich darzustellen und zu überzeugen. Der Ton der Stimme macht auf Mitmenschen einen nachhaltigen Eindruck. Sprechen Sie doch einfach einmal diese Seite auf ein Tonband und setzen Sie sich mit Ihrer Familie oder mit Freunden zusammen, um Ihre Stimme vom Band zu hören. Was wirkt unangenehm auf andere? Sprechen Sie deutlich, ruhig und betont.

6. Beide Gehirnhälften nutzen

Linkshirn ist für Fakten zuständig Rechtshirn ist für Bilder zuständig

Der Mensch hat zwei Gehirnhälften. Das Linkshirn, das für Zahlen, Fakten und verbal logische Dinge zuständig ist. Das Rechtshirn, das für Bilder, Formen und Farben zuständig ist. Wollen Sie ein logisches Rätsel lösen? Dafür ist die linke Gehirnhälfte zuständig. Wollen Sie ein Puzzle zusammensetzen? Dafür ist die rechte Gehirnhälfte zuständig. Jüngste psychobiologische Erkenntnisse in der Gehirnforschung lassen den Schluß zu, daß das heute ohnehin überentwickelte Linkshirn zu Lasten der schöpferisch produktiven Leistungen des Rechtshirns tätig ist. Die Schule fördert mit dem Auswendiglernen von Vokabeln, Zahlen, Fakten das Linkshirn. Im Beruf wirkt sich das so aus, daß die planerische Seite (Linkshirn) dominiert, Kreativität und Intuition aber vernachlässigt werden. Welche Gehirnhälfte für was zuständig ist, können Sie sich herleiten, wenn Sie wissen, daß Herz und Gehirn schräg gegenüberliegend verbunden sind. Das Herz (auf der linken Seite) ist also mit der gegenüberliegenden Gehirnhälfte verbunden.

Kopf von oben gesehen

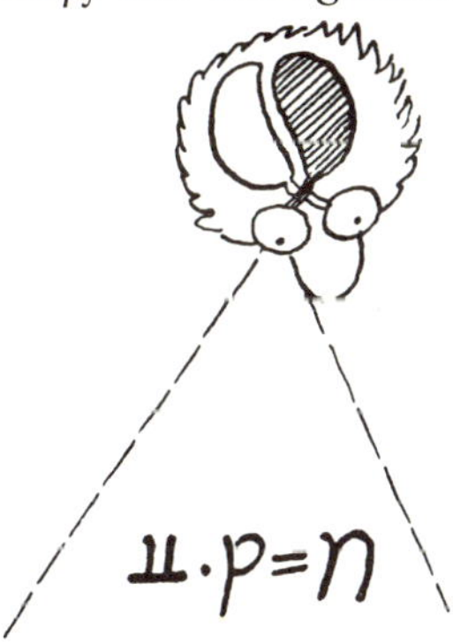

Kopf dreht nach rechts: Aufgabe im linken Gesichtsfeld, rechte Gehirnhälfte aktiver (besser geeignet für bildhafte Wahrnehmung, denkt parallel)

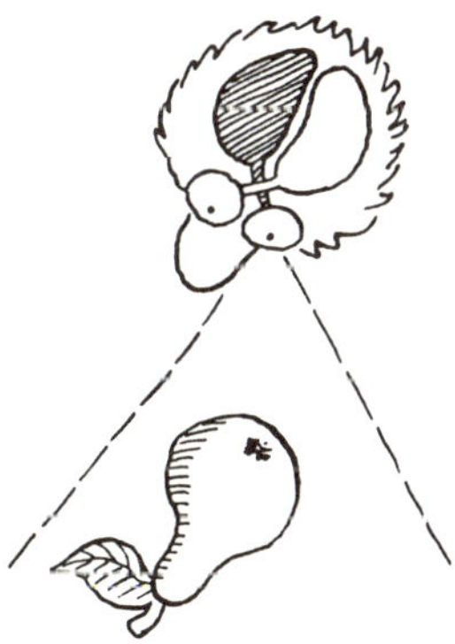

Kopf dreht nach links: Aufgabe im rechten Gesichtsfeld, linke Gehirnhälfte aktiver (arbeitet mit Worten und Logik, denkt seriell)

Dort in der rechten Gehirnhälfte sind Gefühl und Intuition zu Hause. So wie Herz und Gehirnhälfte schräg gegenüber verbunden sind, sind auch Gehirn und Auge schräg gegenüber verbunden. D.h. bildliche Aufgaben (rechte Gehirnhälfte) werden mit dem linken Auge wahrgenommen. Verbal logische Aufgaben (linke Gehirnhälfte) werden mit dem rechten Auge wahrgenommen. Bei begabten Schülern beobachtet man, daß je nach Aufgabenstellung, ihre Kopfhaltung sich verändert.

Gehirnkapazität besser auslasten

Nun können Sie Ihre Gehirnhälften nicht an- und ausschalten, jedoch ist es interessant zu wissen, wo Stärken und Schwächen sind, so daß man mit diesen gezielt arbeiten kann.

Übrigens: Das rechte Bein wird vom linken Gehirn bewegt, und was das linke Ohr hört, wird im Gehirn vornehmlich rechts verarbeitet. Sie sind Rechtshänder? Sie werden also von der linken Gehirnhälfte gesteuert.

7. Bilder sind Eselsbrücken

Eselsbrücken stürzen nicht ein

Stellen Sie sich einmal vor, wieviel Gedächtniskapazität an Worten Sie brauchen, wenn Sie sich z.B. den Inhalt irgendeines Bildes merken wollen. Da ist es doch viel einfacher, sich die geistige Vorstellung des Bildes einzuprägen. Genau diese Fähigkeit jedoch wird – wie oben beschrieben

– der rechten Gehirnhälfte zugeordnet. Sie können also Informationen, die Sie über ein Bild in Ihrem Gedächtnis verankert haben, aufgrund dieses Bildes sehr leicht abrufen.

Namen merken

Sie haben Schwierigkeiten, sich Namen zu merken? Wenn sich Ihnen Herr Bauch vorstellt, denken Sie einfach an Magen. Und wenn sich Herr Popp mit Ihnen bekannt macht, dann denken Sie an Poppenbüttel. Menschen, die sich 30 und 40 Begriffe merken können, tun das, indem sie diese einander zuordnen: Z.B. »Schiff – Turm – Vogel«. Sie stellen sich einfach ein Meer vor, darin schwimmt ein Schiff, rechts davon steht ein Leuchtturm, auf dem ein Vogel sitzt, und schon haben Sie keine Schwierigkeiten mehr, diese Begriffe in jeder gewünschten Reihenfolge aufzusagen.

Behaltensquote

Sie erinnern sich: 10 Prozent von dem, was wir lesen, können wir behalten, 20 Prozent von dem, was wir hören, 30 Prozent von dem, was wir sehen, 50 Prozent von dem, was wir sehen und hören, 70 Prozent von dem, was wir selbst sagen und 90 Prozent von dem, was wir selbst tun. Wenn Sie also eine Information, die Sie nur gelesen haben (Behaltensquote 10 Prozent) in ein Bild umsetzen, dann geht es nur, wenn Sie die Information verstanden haben. Damit haben Sie die Behaltensquote auf 70 Prozent gesteigert.

10% von dem, was wir lesen
20% von dem, was wir hören
30% von dem, was wir sehen
50% von dem, was wir hören und sehen
70% von dem, was wir selber sagen
90% von dem, was wir selber tun

18. Individueller Arbeitsstil

Finden Sie Ihren persönlichen Stil!

Mut zum persönlichen Arbeitsstil

Aus der Vielzahl der Anregungen zur Tagesgestaltung sollten Sie die Regeln auswählen, die Sie persönlich am stärksten ansprechen. Seien Sie bereit, immer wieder neue Anregungen aufzugreifen und in Ihren Stil zu integrieren. Entwickeln Sie Ihren persönlichen Arbeitsstil! Jeder Mensch empfindet anders, und so ist es nicht verwunderlich, daß gerade berühmte und erfolgreiche Menschen bestimmte »Marotten« hatten.

Große Geister – kleine Eigenarten

Hemingway und Gerhart Hauptmann arbeiteten am Stehpult.

Goethe unterhielt sich stundenlang mit nichtanwesenden Personen. So fand er zu Lösungen seiner Probleme und bewältigte seine Arbeit.

Friedrich Nietzsche arbeitete am liebsten in einer einsamen Engadiner Berghütte.

Friedrich Schiller war besonders produktiv, wenn er den Geruch roher Äpfel in seiner Nähe hatte.

Beethoven beherrschte die Kunst, Prioritäten zu setzen, d.h. andere Dinge auf Eis legen zu können! So brachte er seine unsterblichen Werke hervor.

Jedes Ziel ist über verschiedene Wege zu erreichen. Finden Sie heraus, welcher der Ihnen gemäße Weg ist. Welcher ist der Weg, auf dem Sie Ihre Stärken einsetzen können?

Bewußtes Wahrnehmen von eigenen Hoch- und Tiefkurven

Nur wer bereit ist, Täler zu durchqueren, kommt auch auf den Gipfel. D.h. akzeptieren Sie die momentanen Tiefs und versuchen Sie nicht, diese zu überspielen und zu verdrängen! Lernen Sie, mit Ihren natürlichen Wellenschlägen zu arbeiten, gewinnen Sie Vertrauen zu den Signalen des Körpers.

Gestalten Sie mutig Ihren Arbeitsplatz

Finden Sie die Atmosphäre, die Ihnen besonders zusagt. Hängen Sie die Bilder auf, die Sie zur Entfaltung Ihrer Arbeiskraft brauchen. Überhaupt gilt es, Arbeitsplatz und Arbeitsmittel dem Menschen anzupassen und nicht umgekehrt. Vielleicht hindert Sie der weiche Sessel im Büro an der Entfaltung. Dann tauschen Sie ihn einfach gegen einen harten Sessel ein. Vielleicht sollten Sie es einmal mit ei-

nem zweiten Schreibtisch oder einem Stehpult probieren. Diese werden ja nun überall wieder angeboten. Die Arbeit am Stehpult kommt Ihrer Konzentration und Ihrer Haltung zugute. Es gibt besonders produktive Leute, die an drei Schreibtischen arbeiten. Einen Schreibtisch zur kreativen Arbeit, einen Schreibtisch zur Erledigung von Korrespondenz und einen Schreibtisch, auf dem ein bestimmtes Großprojekt durchgezogen wird. Der Vorteil ist, daß die Dinge, die Sie gerade bearbeiten, einfach liegenbleiben können.

Atmosphäre und Raumtemperatur

Aber auch die Raumtemperatur hat mit einer optimalen Atmosphäre zu tun. Der eine will Kühle und offene Fenster – selbst im Winter. Der andere besteht auf der für die meisten wenig leistungsfördernden Behaglichkeitstemperatur von deutlich über 20 Grad.

Lesestil

Sie sollten auch Ihre eigenen Kurzzeichen erfinden z.B. für Randmarkierungen, wenn Sie in Büchern und Zeitschriften lesen. Einige Beispiele: Randmarkierungen, die auch in Büchern anwendbar sind:

Definition D	ähnlich ∽
Zusammenfassung Σ	Wendepunkt ↗
Beispiel Ø	Beziehung zu → ↔
Ziel →	Schlüsselgedanke

gut treffend +
unklar ~~~~~
(oder) ⦚

Sind Sie selbst der Chef, dann setzen Sie die Vorschläge in die Tat um. Sind Sie es nicht, sollten Sie die Einwilligung Ihres Vorgesetzten einholen, um das zu verändern, was Sie verändern möchten. Solche kleinen Dinge haben oft eine große Wirkung. Suchen Sie jemand, der Sie gut kennt und der sich arbeitsmethodisch weiterbildet.

Kleine Änderungen – große Wirkungen

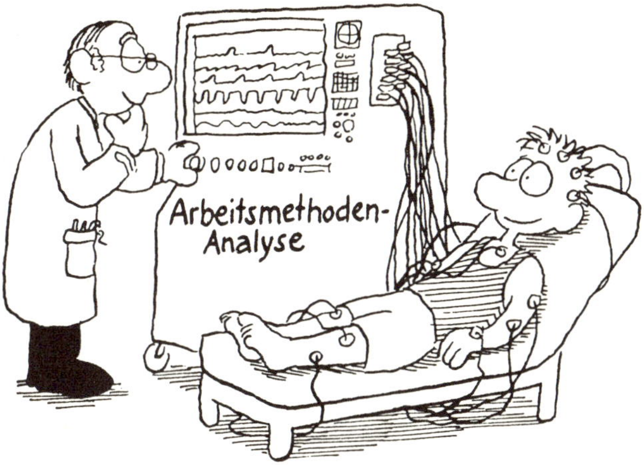

Er kann Ihnen helfen, bestimmte Dinge zu entwickeln, die Ihnen gemäß sind. So entsteht ein lebensentfaltender Raum.

19. Karriere machen ist erlernbar

Der Umgang mit Kollegen und Vorgesetzten

»Wir haben dort weitergemacht, wo die anderen aufgehört haben, weil sie mit sich zufrieden waren!« So kann man es oft hören von Leuten, die Erfolg haben. Es gibt immer Aufgaben, vor denen andere die Flinte ins Korn werfen. Wer hier mehr macht als das, was verlangt wird – bei dem wird der Erfolg nicht ausbleiben. Die meisten Men-

Dort weitermachen, wo andere aufhören

schen sind, wenn sie einmal einen Job bei einer »renommierten und soliden« Firma haben, zufrieden und hören mit der systematischen Beschäftigung mit der eigenen Karriere auf. Solche Unbekümmertheit schadet. Besser wäre es, nüchtern und systematisch Karriereplanung für die nächsten fünf bis zehn Jahre zu betreiben.

Wie aber soll man sich als Christ im Karrierekampf verhalten?

Christ und Karriere

1. Wir bitten Gott, daß er uns in diesen Fragen den richtigen Weg zeigt.
2. Wer sich entschlossen hat, am beruflichen Aufstieg teilzunehmen, muß bereit sein, sich das erforderliche Wissen anzueignen.
3. Bin ich für einen derartigen Konkurrenzkampf geeignet? Wer sich nicht zum Ziel gesetzt hat, eine bestimmte Position zu erreichen, sollte sich vornehmen, so gut zu arbeiten, wie er es nur kann.
4. Wenn es auch heute üblich ist, so sollten wir als Christen nicht gegen unsere Kollegen konkurrieren, sondern lediglich gegen uns selbst. »Jeder gegen jeden« schadet den zwischenmenschlichen Beziehungen.
5. Wir dürfen das große Ziel unseres Lebens nicht aus den Augen verlieren, nämlich Menschen das Evangelium vorzuleben. Danach gilt es, die Arbeit und alles, was damit zusammenhängt, zu bestimmen.

Während früher der Wille zur Weiterbildung schon den Aufstieg gefördert hat, halten Chefs dies heute für selbstverständlich. Was dagegen immer wichtiger wird, ist der Umgang mit Kollegen und Vorgesetzten. Jochen Kienbaum, Chef der Kienbaum-Personalberatung in Mosbach, meint deshalb, die Akzeptanz durch die Mitarbeiter und Kollegen »gehört zum unbedingten Rüstzeug für einen Aufstiegswilligen«.

Kollegialität und Kooperation als Bausteine des Erfolges

In der Zusammenarbeit mit Vorgesetzten und Kollegen gibt es bestimmte Regeln:

Nicht auf Kosten anderer

1. Sich nicht überheblich verhalten und nicht den Eindruck erwecken, auf Kosten der Kollegen aufsteigen zu wollen. Sägen Sie also nicht am Stuhl Ihres Vorgesetzten.

Konstruktive Kritik

2. Üben Sie grundsätzlich nur konstruktive Kritik! Wenn Sie ein Gespräch mit Ihrem Vorgesetzten planen, sollten Sie sich vorbereiten. Sprechen Sie Kritisches ruhig an, aber machen Sie Lösungsvorschläge.

Betriebsklima geht jeden an

3. Machen Sie sich selbst darüber Gedanken, wie Sie das Klima in Ihrer Abteilung verbessern können! Den Vorgesetzten allein für das Arbeitsklima verantwortlich zu machen, ist zu leicht. Beteiligen Sie sich nicht, wenn über andere Kollegen in deren Abwesenheit gesprochen wird. Hier haben Sie die Möglichkeit, Zivilcourage zu zeigen.

Fassen Sie sich kurz!

4. Fassen Sie sich kurz. Kein aufgeblähtes »Geschwätz«! Sagen Sie nur das Wesentliche. Wenn Sie nicht genau wissen, was Sie wollen, dann wollen Sie lieber nichts. Formulieren Sie vorher das Gespräch in Gedanken durch.

Bedeutung des Blickwinkels

5. Betrachten Sie die Dinge aus dem Blickwinkel des Chefs! Was dem einzelnen nützt, kann dem Ganzen womöglich schaden. Der Chef hat die großen Betriebszusammenhänge im Auge. Und wenn Ihr Chef trotz Zeitnot doch für Sie Zeit hat, dann sagen Sie ihm auch »Danke schön«. Ein guter Umgangsstil schafft eine gute Atmosphäre.

Keine Patentrezepte

6. Verlassen Sie sich nicht auf Patentrezepte! Jede Situation ist anders. Was dem Herrn X geholfen hat, kann bei Ihrer Situation total verkehrt sein. Im einen Fall kann Zurückhaltung der beste Weg sein, um aufzufallen. In einem anderen Fall kann es wichtig sein, möglichst früh an Positionen zu kommen, wo entschieden wird. Immer aber ist es wichtig, über den eigenen Tellerrand zu schauen: Warum haben andere Erfolg?

Was beeindruckt

Wenn Sie mich ganz persönlich fragen, was mich als Chef an einem Mitarbeiter beeindruckt, würde ich sagen:

- Wagen Sie sich an Sachen, die Ihr Chef »schon immer mal machen wollte«. Einfach anfangen und die ersten Ergebnisse mit dem Chef besprechen. Mal sehen, was er dazu sagt!
- Die Superchance nützen, nämlich wenn ein Kollege in höherer Position krank oder in Urlaub ist. Übernehmen Sie einige seiner Arbeiten. Haben Sie keine Angst vor Überstunden! (Dies heißt nicht, daß dieser Arbeitsplatz beansprucht wird, sondern dies signalisiert der Geschäftsleitung die Bereitschaft für größere Aufgaben.)
- Unaufgefordert zupacken, wenn Sie irgendwo mithelfen können.

Mit der folgenden Checkliste können Sie Ihren beruflichen Ist-Zustand analysieren

Analyse Ihres beruflichen Ist-Zustandes

- Strebe ich danach, Verantwortung zu übernehmen?
- Analysiere ich immer wieder meine Zukunftsaussichten?
- Ist mein Verhältnis zum Chef gut? Weiß ich, was er von mir hält?
- Arbeite ich auch zu Hause, wenn es mal nötig ist? Was tue ich für ein gutes Betriebsklima?
- Wie bemühe ich mich um private Kontakte zu Kollegen? (Gerade solche, mit denen ich nicht zurechtkomme?)
- Arbeite ich ständig an meiner Weiterbildung?
- Habe ich Freunde im Unternehmen, die mir sagen, welchen Eindruck ich auf andere mache? (Feed-back)
- Welche Kontakte müßte ich stärken, welche Kontakte kann ich beenden, wenn es nur um Belanglosigkeiten geht?
- Habe ich noch große Erwartungen für meine Zukunft in dieser Unternehmung?
- Was ist mein Ziel im nächsten Jahr? Wo möchte ich in fünf Jahren stehen?
- Was ist meine wichtigste Priorität für den nächsten Monat?
- Teile ich meinen Erfolg bereitwillig mit anderen?
- Erkenne ich Probleme als potentielle Chance für mich?
- Bin ich ein aktiver Zuhörer, der viele Fragen stellt?

Stellen Sie sich Forderungen!

Wenn Sie diese Kontrollfragen zur Standortbestimmung gestellt haben, wissen Sie, wo Sie stehen. Was werden Sie in Zukunft tun, um diese Punkte zu verbessern? Beschließen Sie zu jedem Problem, das Sie erkannt haben, Maßnahmen. Setzen Sie sich einen Termin, an dem Sie den Erfolg Ihrer Maßnahmen kontrollieren.

Stellenwechsel

Vielleicht hat Ihre Standortbestimmung dazu geführt, daß Sie sich mit einem Stellenwechsel beschäftigen. Eine kürzlich durchgeführte Untersuchung läßt einige Gründe für den Stellenwechsel erkennen:

22 %: die Arbeit befriedigt nicht
19 %: unbefriedigendes Gehalt
14 %: persönliche Schwierigkeiten am Arbeitsplatz
11 %: keine Aufstiegsmöglichkeiten
9 %: nicht einverstanden mit der Politik, den Methodeı des Unternehmens
6 %: Resignation
6 %: Umorganisation
5 %: Verantwortung ohne Entscheidungsbefugnis
8 %: verschiedene andere Gründe

Eigeninitiative statt innerer Kündigung

Bevor man dem Unternehmen seine »innere Kündigung« ausspricht, sollte man die Stelle wechseln. Warten Sie dann nicht auf Vermittlungsangebote des Arbeitsamtes oder auf passende Anzeigen in der Tageszeitung. Zeigen Sie Initiative, Durchsetzungskraft und Ausdauer. Gestalten Sie Ihre berufliche Zukunft selbständig und sofort! Es gibt preiswerte Bücher, in denen erklärt wird, wie eine Bewerbung optimal zu gestalten ist.

Ist Ihre Bewerbung erfolgreich, sollten Sie sich auf ein Interview mit folgenden Fragen einstellen:

Fragen, auf die Sie sich einstellen sollten

1. Was interessiert Sie an dieser Position am meisten? (Zukunftschancen, Herausforderung, usw.)
2. Warum wollen Sie gerade bei uns arbeiten? (Informieren Sie sich vorher über das Unternehmen, ordnen Sie Ihre Informationen.)
3. Warum sollen wir gerade Sie einstellen? (Keine Wiederholung des Lebenslaufes. Verweisen Sie auf Ihre Unterlagen. Sagen Sie, daß Sie die Qualifikation für die ausgeschriebene Position haben.)
4. Wären Sie bereit, überall hinzugehen, wo unser Haus Sie hinschickt? (Selbst, wenn Sie hier ja sagen, gibt es bestimmte unangenehme Versetzungen, die Sie dann, wenn es soweit ist, vermeiden können.)
5. Würden Sie gerne die Arbeit Ihres Vorgesetzten übernehmen? (Leistungsorientierte Menschen werden sehr geschätzt.)
6. Wie beurteilen Sie Ihre Laufbahn bis heute? (Keine Entschuldigungen vortragen! Sagen Sie lieber: »Ich bin gut vorangekommen und bewerbe mich jetzt hier, weil ich neue Herausforderungen brauche.«)
7. Nennen Sie Ihren größten Erfolg. (Verweisen Sie auf Leistungen im Studium bzw. wenn Sie Berufserfahrung haben, aus diesem Bereich.)
8. Was möchten Sie in zwei, fünf, zehn Jahren erreicht haben bzw. machen? (Eventuell haben Sie eine kleine Skizze zur Hand, die einige Hinweise auf Ihre Karrierepläne gibt.)
9. Haben Sie immer Ihr möglichstes getan? (Seien Sie bescheiden, aber machen Sie deutlich, daß Sie lern- und entwicklungsfähig sind.)
10. Bei wem können wir über Sie Auskünfte einholen? (Ein Blatt mit drei bis fünf Persönlichkeiten inkl. Anschrift und Telefonnummer ist hilfreich.)
11. Warum wollen Sie sich verändern? (Sind Sie beruflich in einer Sackgasse, sagen Sie dies klipp und klar. Keine negativen Aussagen über das alte Unternehmen bzw. Ihre Vorgesetzten.)

Vorwärts durch Spezialisierung!

In der Regel sind tüchtige und erfolgreiche Menschen »Spezialisten«. Irgendeine Arbeit, irgendeine Fähigkeit auf irgendeinem Gebiet beherrschen sie besser als andere. Egal ob Handwerker, Ingenieur oder Büroangestellter – gefragt ist Spezialisierung.

Zunächst einmal muß man sich überhaupt mit dem Gedanken des Spezialisierens vertraut machen.

Worin sind Sie Spezialist?

Machen Sie dann einfach eine Liste der Tätigkeiten, die Sie im Moment ausführen. Wenn Ihnen dazu nicht viel einfällt, nehmen Sie Ihre derzeitige Tätigkeit und untergliedern diese in Teilarbeiten, z.B.:

1. Mich um Kunden kümmern.
2. Neue Produkte erfinden.
3. Verkauf organisieren.
4. Kataloge gestalten.
5. Mit Menschen umgehen, motivieren.

Wenn diese Liste steht, fragen Sie sich: »Welche von diesen Teilarbeiten liegt mir am besten? Was macht mir am meisten Freude und geht mir am einfachsten von der Hand?«

Vielleicht fällt Ihnen die eine oder andere Tätigkeit, eine Lieblingsarbeit, ganz besonders auf. Spezialisieren Sie sich hier. Besuchen Sie Kurse, arbeiten Sie mit Literatur, um Ihre Kenntnisse und Fähigkeiten zu erweitern.

Je höher Ihre Spezialisierung, je spitzer Ihr Pfeil, desto besser Ihre Stoßkraft. Sie wollen Erfolg haben? Dann müssen Sie sich auf einem Gebiet Ihrer Berufsarbeit zum Spezialisten machen. Spezialisierung schafft Neues. Jeder Mensch kann auf irgendeinem Gebiet »Spezialist« werden. Darin liegt eine große Chance.

Leistung kennt keinen Halt

Jedes Lebensalter ist durch eine bestimmte Entwicklung und Einstellung gekennzeichnet. Jeder muß bestimmte Phasen durchleben, die man bei der Karriereplanung durchaus berücksichtigen sollte. Allerdings in allen Phasen geht es darum, das Leben voller Begeisterung, Optimismus und Elan anzupacken.

Peter-Prinzip

Wenn man seine Karriere plant, sollte man die verschiedenen Phasen des Berufslebens berücksichtigen. Das Peter-Prinzip geht davon aus, daß wer einer Karriere nachjagt, so lange befördert und begehrt wird, bis er auf einer Position angekommen ist, die sein Können übersteigt. Sozusagen auf einer Stufe der Inkompetenz. Es erfolgt keine weitere Beförderung mehr, aber auch keine Herabstufung. So wird erklärbar, warum so viele Positionen von inkompetenten Personen besetzt sind.

Wer Talent hat, ist nie zu alt oder zu jung

Daß Leistung kein Alter kennt, wird daran deutlich, daß Wolfang Amadeus Mozart bereits im Alter von drei Jahren Klavier spielte und einmal gehörte Musikpassagen im Gedächtnis behalten konnte. Mozart war sieben Jahre, als seine erste Komposition gedruckt erschien. Golda Meir war 71, als sie Ministerpräsidentin von Israel wurde. Und George Bernard Shaw war 94, als eines seiner Bühnenstücke uraufgeführt wurde. Zehn Jahre war Thomas Edison alt, als er sich im Keller des Vaterhauses ein Laboratorium einrichtete und die größte Erfinderlaufbahn aller Zeiten begann. 15 Jahre war Bobby Fisher, als er der jüngste Großmeister in der Geschichte des Schachspiels wurde.

Der Mensch selbst verkürzt seine Lebenserwartung, nicht Gott

Es ist eine medizinische Tatsache, daß durch das Abstellen schlechter Lebensgewohnheiten unser Leben 20 Jahre länger dauern kann. So zumindest sieht es Linos Pauling, Nobelpreisträger. Von Adam bis zur Sintflut war die durchschnittliche Lebenserwartung 846 Jahre. Bei Mose waren es noch 333 Jahre und bei Salomon 95 Jahre. Im Mittelalter hat sich die Lebenserwartung auf 35 Jahre reduziert, heute ist sie wieder auf 72 Jahre angestiegen. Die Medizin behauptet, daß menschliche Organe für eine Lebensdauer von 125 Jahren angelegt sind.

Was darf mich meine Karriere kosten?

Karriere um jeden Preis?

Im Leben eines Christen ist der berufliche Werdegang sicher nicht die einzige Zielsetzung, der sich alles andere unterzuordnen hat. Wir werden uns dehalb fragen müssen:

1. Was sind meine Motive? Für diese Entscheidungen sind wir persönlich voll verantwortlich. Gott kann an dieser Stelle oder an einer anderen Stelle segnen. Wichtig ist, daß wir nach seinem Willen fragen.
2. Bei Gott gilt nicht eine hohe oder eine geringe Position. Bei Gott geht es nicht um Armut oder Reichtum. Bei ihm gelten andere Werte.

20. Vom Umgang mit TV, Zeitschriften und Zeitungen

Drosseln Sie methodisch Ihren Fernsehkonsum

Fernsehen und kein Ende

Es gibt nur zwei Tätigkeiten, auf die noch mehr Zeit verwendet wird als aufs Fernsehen: arbeiten und schlafen.

Nach einer Untersuchung der Gesellschaft für Unterhaltungs- und Kommunikationselektronik in Frankfurt/M. läuft der Fernseher in bundesdeutschen Haushalten 3 3/4 Stunden am Tag, bei verkabelten Mitbürgern sogar mehr als 4 Stunden. Dazu kommen noch Hörfunk, Zeitung, Buch, Illustrierte, Schallplatten und Tonbandkassetten. Insgesamt ca. 5 Stunden pro Tag. Also mehr als die Hälfte der Freizeit wird statistisch gesehen für den Medienkonsum verbraucht.

Natürlich kann das Fernsehen zu einem guten Mittel der Freizeitgestaltung werden. Interessante Wirtschaftssendungen, Anregungen und Ratschläge für die Freizeitbeschäftigung in Haus und Garten, Ideenlieferant für unterschiedlichste Hobbys etc.

Zweischneidige Unterhaltung

Nur – für den heutigen Menschen ist das Fernsehen zu einem wahren »Lebensmittel«, ja sogar zu einem »Grundnahrungsmittel« geworden. Statt der zwischenmenschlichen Kommunikation tritt die »Mattscheibe« in den Vordergrund. Sie ermöglicht eine sehr zweischneidige Unterhaltung und Entspannung, letztlich auf Kosten des Konsumenten. Denn: Wichtige Gespräche in der Familie finden nicht oder nur oberflächlich statt.

Statt eigener Erfahrungen werden uns Scheinerfahrungen aus zweiter Hand geliefert. Es gibt kein eigenes Erleben, es wird nur nachgelebt. Ferner verkümmert unsere Konzentrationsfähigkeit. Das meiste im Leben ist nur mit einem gewissen Maß an Anstrengungen und Ausdauer zu erreichen. So kann auch ein Unbegabter, der sich auf etwas konzentriert, großartigere Dinge zustandebringen als ein genial Veranlagter, der sich niemals auf irgend etwas konzentriert hat. Das Fernsehen aber ermuntert uns, keine Anstrengung zu unternehmen. Es unterhält und zerstreut, schlägt die Zeit tot und lebt davon, Genuß ohne Mühe zu verschaffen. Und weil viele Menschen so viel fernsehen, daß sie sogar schon eckige Augen und große Ohren bekommen, greifen die Maßstäbe des Fernsehens inzwischen auf unser Land und unser Leben über. Es ist sicher nicht so einfach, dem Fernsehen an allem die Schuld zu geben, aber ich bin davon überzeugt, daß es mit dazu beiträgt, unsere Zivilisation zu untergraben.

Sinnvoll fernsehen

Wie läßt sich methodisch der Fernsehkonsum drosseln? Vielleicht hilft folgende Überlegung: In 15 Jahren schaut der Bundesbürger etwa 10.000 Stunden fern. In 10.000 Stunden aber kann man sich so viel Wissen aneignen, daß man als Ingenieur oder Wirtschaftswissenschaftler tätig sein kann.

Weniger ist mehr

Planen Sie Ihr eigenes Fernsehprogramm! Kaufen Sie sich eine gut informierende Fernsehzeitschrift, streichen Sie die Sendungen an, die Sie für sehenswert halten. Bedenken Sie aber: Weniger ist mehr. Durch eine Vorauswahl vermeiden Sie es, in die gefahrvolle Lust des »Bloß-mal-schauen-was-Kommt« zu geraten. Sie bleiben nicht an unwichtigen Sendungen hängen, belasten Ihren Geist nicht mit unsinnigen und lang negativ wirkenden Bildern.

Nutzen Sie das Video

Eventuell können Sie auch per Video wichtige Sendungen speichern, die Sie dann zu günstigeren Zeitpunkten ansehen können, eventuell sogar mehrmals. Dies ist sicher bei Sprachkursen sehr sinnvoll. Durch die Videospeicherung ersparen Sie sich oberflächliche Unterhaltung, die vor oder nach der von Ihnen gewünschten Sendung kommt. Hier gilt eine einfache Wahrheit: Wer die Ablenkung meidet, wird nicht abgelenkt.

Die Alternative: Ausschalten

»Werdet niemals der Menschen Knechte!« Dies gilt im übertragenen Sinne auch fürs Fernsehen. Eine solche Verhaltensweise ist sicher unmodern, aber sie ist dem Leben gemäß. Ein einfacher Knopfdruck genügt, um der Abendunterhaltung wenigstens teilweise zu entsagen. Tun Sie, was richtig und notwendig ist.

Vergessen Sie die Tageszeitung

Sie glauben, Zeitungen und Zeitschriften lesen ist wichtig? Es kommt jedoch nicht darauf an, daß wir viel Informationen haben – es kommt darauf an, daß wir die »richtigen« Informationen haben. Insofern würde ich behaupten, daß die Tageszeitung »gestopfter« Unsinn ist. Die Tageszeitung enthält jede Menge Ankündigungen, Rückblicke, sehr viel Vordergrundinformation, jedoch sehr wenig Hintergrundinformationen, die gerade entscheidend sind, um durchzublicken. Wer von Berufs wegen nicht gezwungen ist, eine Tageszeitung zu lesen, kann sie ruhig abbestellen. Ganz abgesehen davon, daß es eine Negativ-Programmierung ist, auf die Sie verzichten können.

Abonnieren Sie lieber Wochenzeitungen u. Fachzeitschriften

Abonnieren Sie eine gute Wochenzeitung. Diese gibt die großen Trends, auf die es schließlich ankommt, sehr viel besser wieder. Die Tageszeitung ist voll mit Informationen wie: Gewerkschaften fordern soundsoviel, Arbeitgeber bieten soundsoviel. Nächster Tag: Angebot der Arbeitgeber nur unwesentlich erhöht, bla, bla, bla. Nächster Tag: Keine Einigungen in Sicht, bla, bla, bla. Nächster Tag: Einigung weiter entfernt denn je, bla, bla, bla, usw.

Die wichtigsten Fachzeitschriften sollten Sie nicht nur über den Umlauf in Ihrer Firma erhalten. Ehe diese in Ihre Hände gelangen, sind sie schon antik und zerlesen. Außerdem wollen Sie bestimmte Beiträge kennzeichnen und ablegen. Stellen Sie also fest, welches für Sie das wichtigste Fachblatt ist und abonnieren Sie es selbst. Fachzeitschriften, die Sie im Umlauf erhalten, die aber nichts bieten, können Sie ruhig abzeichnen.

Bleiben Sie kritisch!

Seien Sie kritisch! Wir rühmen uns zwar nicht ohne Grund, die bestinformierte Generation der Welt zu sein, doch ist auch klar: Wenn wir viel wissen, wissen wir noch längst nicht alles; gerade entscheidende Hintergründe fehlen oft, und außerdem gibt es bewußt einseitige Meldungen *en masse.*

21. Organisationsmittel – Wer liefert was?

Kanalisieren Sie die Papierflut

Aufbewahren oder wegwerfen?

Eine regelrechte Papierflut ergießt sich über uns. Reklamesendungen, Zeitschriften, Rundschreiben, Briefe. – Kurz: zuviel, um alles aufzubewahren. Nach welchem System sollen wir den Papierberg beseitigen?

Hier ein Vorschlag: All das viele Schriftgut haben wir in drei Kategorien eingeteilt.

Kategorie 1: Geringe Bedeutung

Uninteressantes wegwerfen

Befördern Sie Ramsch und Schriftgut mit wenig Bedeutung sofort in den Papierkorb. Prospekte, Werbebriefe, die völlig uninteressant sind; alles Dinge, denen Sie keine Zeit widmen sollten.

Handeln Sie nach der Devise: »Kleiner Schreibtisch, großer Papierkorb« oder »Fasse Du, lieber Papierkorb, was ich nicht fassen kann!«

Kategorie 2: Terminsachen

Manche Schreiben in eine Zwischenablage!

Prüfwert haben Dinge, auf die Sie reagieren müssen, die jedoch an eine bestimmte Zeit gebundene Informationen darstellen. Angebote, Einladungen, Mahnungen usw. Ziel soll hier sein, jedes Blatt nur einmal in die Hand zu nehmen. Das erste Lesen muß ein Ausleseprozeß sein. Es gibt dann verschiedene Möglichkeiten der Weiterverarbeitung. Eine Ablage in einem Aktenordner ist in aller Regel nicht notwendig, da nach Erledigung der Vorgang in den Papierkorb wandert. Sie haben z.B. eine Postkarte geschrieben, mit der Sie die Prospekte anfordern. Es entsteht kein Rechtsgeschäft, deshalb brauchen Sie auch keine Beweismittel aufzubewahren.

Legen Sie die Durchschrift der Postkarte in einer Widervorlagemappe ab, oder in einer Schublade, die sie als Zwischenablage benutzen.

Kategorie 3: Korrespondenz

Täglich 200.000 DM für die Ablage!

Geschäftsbriefe, die für Geschäftsvorgänge und ihre Nachweise notwendig sind, werden in aller Regel in Aktenordnern abgelegt. Briefe, die Sie erhalten, ebenfalls. Täglich werden in der Bundesrepublik Deutschland 200.000 bis 300.000 DM für das Ablegen in Aktenordnern ausgegeben. Dabei wäre sicher mehr als die Hälfte dieses Schriftverkehrs im Papierkorb besser aufgehoben. Stellen Sie sich die Frage: Passiert etwas Furchtbares, wenn ich diesen Brief nicht beantworte?

Ein Zeitspartrick: Beantworten Sie unwichtige Briefe,

indem Sie einen handschriftlichen Vermerk darauf machen und den Brief zurückschicken.

Kurzantworten genügen oft!

Papiere, die in irgendeiner Form Bedeutung für das Steuerrecht haben, müssen 6 Jahre aufbewahrt werden. Bei Bilanzen sind es sogar 10 Jahre. Unterlagen über das Unternehmen und seine juristischen Grundlagen werden so oder so fast immer in gesonderten Archiven aufbewahrt.

Ordnung halten lohnt

Haben Sie im Ernstfall alles wichtige sofort zur Hand? Oder ist Ihr Motto: »Wer Ordnung hält ist nur zu faul zum Suchen«? Wenn Sie Unterlagen entnehmen, halten Sie das durch Fehlkarten oder Entnahmescheine fest? Landen alte Unterlagen fristgerecht im Reißwolf?

Der überhäufte Schreibtisch

Es gibt »Volltischler« und »Leertischler«. Aus den Augen aus dem Sinn, sagt der Volltischler und meint er könne sich nur in seinem gewohnten »genialen Chaos« zurechtfinden. Nein sagt der Leertischler, ich kann mich nur auf einer abgeräumten Platte richtig entfalten. Ohne extreme Ordnung haben ich keine Ideen.

Leertischler sind erfolgreicher

Erfolgreiche Persönlichkeiten sind in der Regel Leertischler. Allerdings ist das Ganze eine Frage der Persönlichkeitsstruktur. Beim Volltischler kann die unbewußte Angst dahinter stecken, er könne etwas vergessen, was nicht in seiner Sichtweite liegt. Oft ist es auch die unbewußte Absicht, jedem zu zeigen, wie beschäftigt und wie wichtig man doch ist. Wobei natürlich klar ist: Das Oberste eines Aktenstoßes ruft sich zwar bei jedem Blick selbst in Erinnerung, aber gerade das lenkt von dem Vorgang ab, der eben bearbeitet wird.

Man wird zu einer unkonzentrierten Arbeitsweise und zum »geistigen Sackhüpfen« angeregt. (Ach, das muß ich ja auch noch bearbeiten!)

Mit den folgenden Anregungen schaffen Sie auf unordentlichen Schreibtischen Ordnung

Einige Anregungen

1. Alle Projekte haben einen Platz in einer Akte oder in einer Schublade. Ein stets aufgeräumt wirkender Schreibtisch fördert die Konzentration.
2. Auf die Arbeitsfläche gehört immer nur ein Vorgang.
3. Nicht springen! Seinen Sie kein geistiger Sackhüpfer. Sonst legen Sie wegen anderer attraktiver Aufgaben Ihr Projekt beiseite!
4. Schließen Sie das Projekt ab und fangen Sie mit dem nächstwichtigeren Projekt an. Anstehende Projekte sollten Sie nicht herumliegen lassen, damit Sie Ihnen bewußt bleiben. Viel besser: Merken Sie sich das nächste Projekt in Ihrem Zeitplanbuch vor.
5. Die PLAN-Methode hilft mit, realistisch anzupacken:
   P - Pensum für den nächsten Tag zusammenstellen
   L - Länge der Tätigkeiten schätzen
   A - Anpassen an die Möglichkeiten
   N - Notieren im Zeitplanbuch

Organisationshilfen

Im folgenden werden einige Hilfsmittel zur Büroorganisation vorgestellt, auf die Sie auch zu Hause nicht verzichten sollten:

1. Briefordner (Leitz-Ordner)
   Größter Arbeitsaufwand (100%), umständliche Handhabung, geeignet für Akten mit »Daueraktualität« und für große Mengen Papier (gute Raumausnutzung).
   Bezugsquellen für Ordner: Schreibwarenhandel

2. Hängeregister
   Geringer Ablageaufwand (ca. 50%), sehr übersichtlich in der Anordnung, schneller Zugriff, sehr flexibel. Die Hängeregistratur ist die Arbeitsplatzregistratur schlechthin.
   Bezugsquellen für Hängeregister:
   Leitz, Postfach 300720, 7000 Stuttgart 30.
   Optiplan GmbH, Postfach 340206, 4000 Düsseldorf 34.

3. Unterteilte Hängeregister
   Gleiche Vorzüge wie die Hängeregister, jedoch weniger Raumbedarf.
   Mappei, Postfach 100509, 5600 Wuppertal 1.
   Classei, Postfach 269, 8215 Marquartstein.

4. Ablageschalen
   Schnellste Ablage überhaupt (0% Ablageaufwand). Nur für geringste Papiermengen und ganz aktuelle Akten geeignet, weil sonst der Suchaufwand zu groß wird. Bezugsquellen für Ablageschalen:
   Jacob Rau KG, Postfach 50, 8703 Ochsenfurt.

5. Zeitsparende Formularvordrucke
   Rationalisierungsmittel im Büro beschleunigen die Kommunikation und ersparen viel Schreibarbeit.
   Bezugsquellen für Formularvordrucke:
   Münchner Formulardruck, Hugo Hickethier, Kronwinklerstr. 24, 8000 München 60.

Ferdinand Schmitz, Spezialtabellen-Verlag, Postfach 242, 4050 Mönchengladbach 1.

Envelo, Formulare GmbH, Postfach 830, 4150 Krefeld 1.

6. Planungshilfen

Vorgedruckte Langzeitkalender, Monats- und Wochenpläne helfen beim Planen.

Bezugsquellen für Planungshilfen:

Planform Ledermann & Co., Postfach 1346, 2070 Ahrensburg.

Ferdinand Schmitz, Spezialtabellen-Verlag, Postfach 242, 4050 Mönchengladbach.

Sasco Planungs-Systeme, Postfach 744, 4000 Düsseldorf 11.

7. Adreßkleber

Der Tip, um Zeit zu sparen und Ärger zu vermeiden: Führen Sie stets einige Aufkleber mit Ihrer Adresse bei sich! Wenn jemand Ihre Anschrift braucht: einfach aufkleben. Und Ihre gedruckte Anschrift ist für jedermann leserlich.

Bezugsquellen für Adreßkleber:

Conterna Versand, Dieter Fiess GmbH, Gutenbergstraße 2, 7538 Keltern.

Karlheinz Jung, Remchinger Straße 1, 7537 Remchingen 1.

22. Jede Menge Tips für den Tagesstreß

Kaufet die Zeit aus!

»Wie machen Sie das eigentlich, Herr Knoblauch?« werde ich immer wieder gefragt. Im folgenden möchte ich Ihnen darauf antworten. Manches mag sich extrem anhören. Vielleicht finden Sie aber durch diese Impulse Ihren ganz persönlichen Stil, um dem »Berufsstreß ade« zu sagen.

Wie ich die Zeit auskaufe:

1. Ich versuche, auch die Dinge gern zu tun, die ich nicht gerne mache.
2. Ich bin ein unverbesserlicher Optimist.
3. Ich weine keinen Verlusten nach.
4. Ich habe auf Schritt und Tritt mein Zeitplanbuch dabei und arbeite damit konsequent.
5. Zur Abhärtung dusche ich jeden Morgen eiskalt.
6. Ich habe keine Tageszeitung abonniert, jedoch ca. 70 Fachblätter und Fachzeitschriften.
7. Ich blättere Bücher rasch durch, um zu sehen, ob sie neue Ideen enthalten. Es sind nur etwa fünf Bücher, die ich immer wieder lese.
8. Im Auto höre ich Kassetten. Mein Auto ist eine rollende Universität.
9. Ich besitze einen Fernsehapparat, aber ich benütze ihn sehr wenig.
10. Für mich gibt es keine »Wartezeiten« mehr. Muß ich warten, stelle ich mir Lakeins Frage: »Wie nutze ich in diesem Augenblick meine Zeit am besten?« (In der Regel, indem ich in meinem Zeitplanbuch blättere.)
11. Ich überarbeite die Liste meiner Lebensziele einmal im Jahr sehr gewissenhaft.
12. Nie vergesse ich meine langfristigen Ziele, auch wenn ich mich mit einer simplen Kurzzeitaufgabe befasse.
13. Dinge, die zuerst zu tun sind, tue ich zuerst.
14. Unproduktive Aktivitäten stelle ich baldmöglichst ein.

15. Ich konzentriere mich jeweils auf nur eine Sache.
16. Ich schreibe sehr viel mit und denke oft mit Bleistift und Papier.
17. Ich setze mir und anderen Termine.
18. Ich versuche, bei jeder Diskussion aktiv zuzuhören.
19. Ich versuche, anderen Leuten nicht die Zeit zu stehlen.
20. In Ausschüssen und Besprechungen bemühe ich mich um den Vorsitz.
21. Ich wende mich an Spezialisten, wenn ich spezielle Probleme habe.
22. Ich versuche, jedes Blatt Papier nur einmal in die Hand zu nehmen. Ist dies nicht möglich, versuche ich, die Sache wenigstens einen Schritt weiterzubringen.
23. Ich gebe viele Informationen in schriftlicher Form an andere weiter. Ich versehe diese mit einem Stempel »Information« oder »Zur Entscheidung«.
24. Ich halte meine Schreibtischplatte für das jeweils Wichtige frei, was ich dann mitten darauf lege.
25. Mindestens einmal die Woche besuche ich die Sauna, oder jogge ich im Wald.
26. Um mich geistig fit zu halten, besuche ich Vorträge, Seminare und Kurse.
27. Statt eines Papierkorbes benutze ich eine Schublade in meinem Schreibtisch für Altpapier (Recycling).
28. Wann immer möglich, delegiere ich Arbeit.
29. Ich liebe es, Entscheidungen schnell zu treffen. Nur getroffene Entscheidungen lassen sich korrigieren. Besser eine falsche Entscheidung korrigieren, als Entscheidungen zu vermeiden oder zu verschleppen, da dies überall nur Mißmut schafft.

30. Obwohl ich mich geschmeichelt fühle, wenn ein anderer mich um Hilfe fragt, sage ich hin und wieder nein. Da ich unter Druck am besten arbeiten kann, setze ich mir bewußt Zeitlimits. Ein rechtzeitiges, berechtigtes und höfliches Nein wird verstanden.
31. Ich plane bewußt, wessen Freundschaft ich erwerben und mit wem ich Kontakt halten will.
32. Ich habe ein leeres Buch mit karierten Blättern, in das ich alles hineinschreibe, von guten Zitaten bis zu Späßen und Buchempfehlungen.
33. Belanglose Gespräche beende ich.
34. Ich frage mich immer wieder: Befasse ich mich mit Dingen, die mich nichts angehen? Bin ich wirklich zuständig? Liegt hier eventuell eine Rückdelegation vor?

35. Ich bete viel. Alleine, mit meiner Frau, mit Freunden.
36. Ich bin ein Abendmensch, d.h. ich arbeite am späten Abend noch einige Stunden, wenn andere schon schlafen.
37. Ich bemühe mich, andere nicht dabei zu ertappen, wenn sie etwas falsch machen, um sie zu kritisieren, sondern, wenn sie etwas gut machen, um sie zu loben.
38. Ich verzichte darauf, alles als erster zu wissen. Ich überlasse es anderen, Initiative zu ergreifen.
39. Ich tue alles, um den Leib nicht zu vernachlässigen und einen gesunden Lebenswandel zu führen.
40. Ich helfe mir und anderen, in weniger Zeit mehr zu erreichen.

Teil C

Geistlich wachsen – Tun Sie etwas für Ihre Seele

23. Wage zu träumen – vom Traum zur Wirklichkeit

Berufsziel, Lebensziel

Träumen beginnt mit einem Bild im Herzen

Vom Träumen soll in diesem Kapitel die Rede sein, denn alle großen Aktivitäten in Ihrem und in meinem Leben beginnen mit einem Bild im Herzen. Solche Leute werden ja auch Tagträumer oder Visionäre genannt, und dies nicht

ganz ohne Grund. Es sind Menschen, die mehr an der Zukunft als an der Vergangenheit interessiert sind. Sie sind zielorientiert, denken positiv, und kein Hindernis kann sie von der Erreichung ihrer Ziele abhalten. So wie Noah eine Arche auf trockenem Grund gebaut hat und trotz Kritik und Spott der Umwelt nicht den geringsten Zweifel daran hatte, daß Gott eines Tages eine große Flut senden würde, so packen diese Leute ihre Ziele an. Glauben und Träumen hat also eine feste Basis: die Basis der Heiligen Schrift.

1. Aus der Traum!

Vom Negativen bestimmt?

Vielleicht hatten Sie schon einmal einen großen Traum, eine deutliche Vorstellung von dem, was werden soll, aber nun ist alles wieder beim alten. Man gibt sich zufrieden mit dem, was ist und nimmt als Norm das, was man vorfindet. Es ist so leicht, sich von negativen Trends und Entwicklungen beeinflussen zu lassen und so auch die Liebe zum Beruf, zur Familie und zur Gemeinde zu verlieren. Wir reden viel über die Schwierigkeiten des Lebens und davon, wie die Kirche in unseren Tagen versagt. Indem wir so reden und handeln, wird alles nur noch negativer. Langeweile statt Begeisterung. Opposition, statt Schwesterlichkeit und Brüderlichkeit. Wir sagen: Die Gemeinde hat versagt. Aber in Wirklichkeit haben wir versagt, weil wir die Liebe zur Gemeinde verloren haben. Ohne Liebe kein Traum.

2. Träume verändern die Wirklichkeit

Mit einem Traum im Herzen lassen sich Hindernisse überwinden

Irgend jemand hat einmal von einem Flug zum Mond geträumt. Heute ist er bereits für viele Menschen Wirklichkeit geworden. Was wäre die Welt ohne die Träume der Männer und Frauen, die in glühenden Visionen Zukünftiges geschaut und kühne Schritte zu dessen Verwirklichung unternommen haben. Vom Glauben beseelt, träumen wir so sehr, daß wir die Wirklichkeit nicht mehr aushalten können und dann zielbewußt auf deren Veränderung hinarbeiten. Ein Traum im Herzen produziert die Kraft und die Sicherheit, mit deren Hilfe sich die Barrieren überwinden lassen.

3. Sind Sie ein Träumer?

Ein Traum gibt »extra Energie«

Sie antworten mit Nein? Sie haben Wichtigeres zu tun, als über die Zukunft nachzudenken? Vielleicht türmen sich deshalb Probleme vor Ihnen auf und drohen Ihnen über den Kopf zu wachsen. Vielleicht fehlt Ihnen gerade diese »extra Energie«, die Menschen mit klaren Vorstellungen von der Zukunft haben.

Leute, die beruflich Erfolg haben, zeichnen sich dadurch aus, daß sie einen beträchtlichen Teil ihrer Zeit mit Träumen zubringen. Sachbearbeiter werden dafür bezahlt, daß sie Probleme lösen. Erfolgreiche Leute werden dafür bezahlt, daß sie mindestens 10 Prozent ihrer Zeit träumen. Wer nicht träumt, merkt sehr bald, daß er im Grunde genommen mit dem Denken seinen Entwicklungen hinterherläuft. Dann werden Dinge getan, ohne daß sie letztlich durchdacht sind und uns dem Ziel näherbringen. Albert Einstein macht auf diesen Sachverhalt aufmerksam, wenn er schreibt: »Wir haben immer perfektere Methoden, aber immer verworrenere Ziele.«

4. Was ist Ihr Traum?

Was kann ich in leuchtenden Farben beschreiben?

Welches ist mein Beitrag? Welche »Träume« möchte ich von Gott in meinem Leben verwirklicht sehen? Habe ich etwas, was ich in leuchtenden Farben beschreiben und schildern kann, weil ich das Bild bereits im Herzen trage? Habe ich etwas, an dem ich mich begeistern kann?

Helmut Thielicke schreibt in dem Buch »Brauchen wir Leitbilder?«: »Jede schöpferische Leidenschaft in unserem Leben lebt von der Fähigkeit, träumen zu können.«

Kardinal Suenens sagt: »Glücklich sind die, die träumen und bereit sind, den Preis zu bezahlen, um ihre Träume zu verwirklichen.«

5. Sind Christen Träumer?

Träumen und Beten gehört zusammen

Jawohl, Christen haben einen Traum, eine Vision, eine Sicht. Mehr noch: Durch das Gebet sind wir in die Lage versetzt, unseren Traum und unsere Vision sogar noch zu verstärken.

Jeder von Gott kommende Traum kann verwirklicht werden. Erst der Himmel ist die Grenze. Daß für die Erfüllung eines Traumes hart gearbeitet werden muß, versteht sich von selbst.

Daß es eine Beziehung zwischen konstruktiven Träumen und Gebet gibt, ist keine Frage. In gewissem Sinn ist ja dieses Träumen auch Beten. Sicherlich ist es der Wille unseres Schöpfers, daß die Wünsche und Talente, die er selbst in uns hineingelegt hat, nun Taten bewirken. Gott ist daran interessiert, daß die Persönlichkeit, die er in uns angelegt hat, sich entfaltet.

Es ist das Gebet, in dem der Mensch mit Gott kooperiert. So werden Gottes erstaunliche Pläne vom Himmel auf die Erde geholt.

Beispiel Walt Disney

Von Walt Disney heißt es, daß er jeweils zehn Personen fragte, was sie von einer neuen Idee hielten. Wenn die Idee einstimmig abgelehnt wurde, war das für ihn Signal, sich sofort an die Verwirklichung dieser Idee zu machen. Erstaunlich, wie Golda Meir sich als ganz gewöhnliche Frau vorstellen konnte, daß sie eines Tages Ministerpräsidentin würde. Margret Thatcher lebte bis zu ihrem 21. Lebensjahr oberhalb der Lebensmittelhandlung des Vaters. Bereits damals war es ihr Wunsch, eines Tages England durch schwierige Zeiten zu leiten.

Beispiel Golda Meir

Beispiel Adriano Olivetti

Adriano Olivetti, ein junger Italiener, steht an einem Herbsttag vor dem Underwood-Werk in Connecticut und starrt auf die roten Ziegelgebäude. Für Adriano Olivetti sind die alten Gebäude sein Lebenstraum. Underwood war damals der größte und bekannteste Hersteller in der Schreibmaschinenbranche. Eines Tages, so träumt Adriano, wird ihm ein solches Werk gehören, und der Name Olivetti wird dann für die gleiche Qualität bürgen wie heute Underwood. – 34 Jahre später ist Adriano wieder in Amerika. Für 8,7 Mio. Dollar kauft er Underwood auf. Sein Lebenstrum hat sich erfüllt.

So entsteht Ihr Traum

Wie können wir sicher wissen, daß unsere Träume dem Willen Gottes entspringen und nicht menschlicher Selbstsucht?

Folgende Punkte sollen bei der Entwicklung Ihres Traumes helfen:

1. Seien Sie offen, auch für eine ungewöhnliche Führung. Stellen Sie Ihr »Herz auf neutralen Boden«. Wissen Sie schon, wie die Lösung aussieht? Dann versuchen Sie, einen Schritt zurückzugehen und ganz offen zu werden für das, was Gott mit ihnen vorhat. **Herz auf neutralen Boden**
2. Beten und warten. Nehmen Sie sich Zeit und warten Sie, bis Gott spricht. Der Geist bewirkt das Wollen und das Vollbringen. Warten Sie, bis Ihr Herz zu brennen anfängt, dann sind Sie schon beinahe am Ziel. **Beten und warten**
3. Hält Ihre nun gewonnene Einsicht folgenden drei Prüfungen stand? **Drei Prüfungen**
   - Die Bibel ist in allen Dingen der Maßstab. Wünsche können vom Heiligen Geist, aber auch vom Satan kommen.
   - Nicht voreilig handeln. Stimmt das ganze Drumherum?
   - Haben Sie Frieden im Herzen? Diesen Frieden brauchen Sie, denn nur er produziert den Glauben, der notwendig ist, um die auf Sie zukommenden Schwierigkeiten zu meistern.
4. Schreiben Sie eine kurze klare Darlegung der Ziele nieder, die Sie zu erreichen beabsichtigen. »Ich will ein gu- **Klare Ziele**

ter Christ sein« ist z.B. kein Ziel, da es zu allgemein und nicht meßbar ist.

Endpunkt festlegen

5. Legen Sie einen Zeitpunkt fest, bis wann Sie das Ihnen von Gott gegebene Ziel erreichen wollen.

Sofort beginnen

6. Entwickeln Sie einen genauen Plan. Beginnen Sie mit der Verwirklichung sofort.

Schwierigkeiten einkalkulieren

7. Halten Sie an Ihrem Plan und an seiner Durchführung fest. Schenken Sie Ihren Zweifeln kein Gehör. Es wird Schwierigkeiten geben, aber halten Sie an Ihrem Ziel fest, zu dem Sie Gott gerufen hat.

Dranbleiben

8. Lesen Sie immer wieder Ihren schriftlich fixierten Plan durch. Beten Sie darüber, bevor Sie nachts einschlafen und nachdem Sie morgens aufgestanden sind. Glauben Sie daran, daß Sie schon im Besitz dessen sind, was Gott Ihnen verheißen hat.

24. Gaben entdecken – Begabungen leben

Haben Sie die richtige Aufgabe in Beruf und Gemeinde?

Gaben werden kaum genutzt

In Kapitel 2 (Stärke und Situation müssen zusammenpassen) wurde von den natürlichen Fähigkeiten, die jeder Mensch hat, gesprochen. Philosophie und Naturwissenschaft sagen übereinstimmend, daß die meisten Menschen weniger als 30 Prozent ihrer Möglichkeiten nutzen. So bleiben Millionen von Gehirnzellen das ganze Leben lang unterentwickelt.

Nicht ein besseres Management, sondern Geistesgaben

Genauso sind sich auch die meisten Christen gar nicht bewußt, was ihnen alles an Geistesgaben zur Verfügung steht. Andere, die ihre Gaben erkennen, wissen nicht, was sie mit ihnen anfangen sollen. Eine funktionierende Gemeinde zeichnet sich dadurch aus, daß mündige Christen ihre Geistesgaben einbringen und leben. Es ist nicht ein besseres Management, was den Gemeinden in erster Linie fehlt, sondern Geistesgaben, denn nur mit ihnen kann der missionarische und diakonische Dienst wahrgenommen werden.

Was sind Geistesgaben, und worin unterscheiden sie sich von natürlichen Fähigkeiten?

Was sind Geistesgaben?

In der griechischen Sprache heißt Gnade »Charis« und Geistesgabe »Charisma«. Wem Gott seine Charis schenkt, dem schenkt er auch Charisma, d.h. Gaben.

In der Bibel ist von Gaben die Rede, wie z.B. der Gabe der Weissagung (dadurch soll die Gemeinde erkennen, worauf es ankommt, so kommt Leben, göttliche Frische und Unmittelbarkeit in die Gemeinde), der Gabe der Weisheit (aufgrund göttlicher Erleuchtung in einer bestimmten Situation das zu sagen, was den Nagel auf den Kopf trifft) und der Gabe des Gebens (Menschen, die nicht mehr fragen: »Wieviel gebe ich?«, sondern die fragen: »Wieviel muß ich für mich behalten«?). Die etwa 30 im Neuen Testament aufgelisteten Geistesgaben sind besondere Fähigkeiten, die Gott uns gibt, damit wir an seinem Werk mitarbeiten können. Die Bibel sagt: »Dienet einander, ein jeglicher mit der Gabe, die er empfangen hat, als die guten Haushalter der mancherlei Gnade Gottes« (1. Petr. 4,10).

Unterschied zwischen natürlichen und geistlichen Gaben

Auch wenn sich geistliche Gaben an manchen Stellen kaum von natürlichen Fähigkeiten unterscheiden, so gibt es doch drei ganz entscheidende Unterschiede:

1. Nur Christen erhalten Geistesgaben. Die Bibel sagt klar, daß nur diejenigen, in denen der Heilige Geist wohnt, auch die Gaben des Geistes haben.

2. Der zeitliche Unterschied. Natürliche Fähigkeiten werden bereits bei der Geburt empfangen, Geistesgaben empfängt der Mensch erst nach einer bewußten Hinwendung zu Jesus.
3. Geistesgaben müssen nicht selbst entwickelt werden. Während natürliche Fähigkeiten selbst entdeckt, entwickelt und eingesetzt werden müssen, kann der Christ den Heiligen Geist bitten, ihm seine Geistesgaben zu zeigen, ihn anzuleiten und ihn später auch zu bevollmächtigen, diese Gaben richtig einzusetzen.

Auch natürliche Gaben werden benötigt.

Gott kann auch natürliche Gaben in seinen Dienst stellen. Cliff Richard hat seine musikalische Begabung schon vor seiner Bekehrung besessen. Heute setzt er dieses Talent für das Reich Gottes ein. Auch der Apostel Paulus war sicher schon vor seiner Bekehrung ein begabter Lehrer und Prediger. Seine Gaben der Heilung, der Wundertaten und der Zungenrede wurden ihm aber erst nach seiner Bekehrung gegeben. Eine natürliche Begabung, wie z.B. eine schnelle Auffassungsgabe, ist noch kein Charisma (geistliche Gabe). Ich kann eine schnelle Auffassungsgabe haben und damit andere zugrunde richten.

Charisma kann also durchaus heißen, daß hier eine natürliche Gabe umgewertet wird. Eingesetzt zum Aufbau des Reiches Gottes.

Wie erkennt man geistliche Gaben?

Jeder Christ hat geistliche Gaben

Fixierbilder sind Bilder, die eine bestimmte Figur enthalten, welche man aber nicht auf den ersten Blick erkennt. Man muß erst suchen. So sind laut Gottes Zusage in jedem Christenleben verschiedene Begabungen versteckt. Allerdings müssen sie entdeckt werden.

Beim Erkennen der Gabe spielen das Gebet und das Gespräch mit Brüdern und Schwestern eine wichtige Rolle. Nach neutestamentlicher Sicht ist es Aufgabe des Pfarrers, Gaben aufzuzeigen.

Test zum Erkennen von Geistesgaben

Wer noch klarere Auskunft will über Gaben des Geistes in seinem Leben, kann das Arbeitsheft »Der Gaben-Test« erwerben. Über 100 konkrete und erprobte Fragen helfen,

Auskunft zu erhalten. Das Heft enthält außerdem die Definition der verschiedenen Gaben und ganz praktische Hinweise, wie diese Gaben schrittweise in der Gemeinde eingesetzt werden können (AGGA, Postfach 1108, 7928 Giengen, DM 24,80).

Wie entwickelt man geistliche Gaben?

Gaben müssen bejaht werden

Begabungen müssen bejaht werden. Vielleicht wären Sie lieber ein anderer Mensch. Gott will, daß wir dazu ja sagen, wozu er uns bestimmt hat. Paulus verdeutlicht dies am Bild des Leibes: So wie ein Ohr seine Hörgabe bejahen muß und sich nicht nach der Stimmbegabung sehnen kann, so sollen wir die uns geschenkten Begabungen annehmen.

Die Gabe wird benötigt

Ein zweiter Punkt kann ebenfalls am Bild vom Körper deutlich werden: Wer eine Gabe hat, wird mit dieser Gabe auch benötigt. Die Entschuldigung: »Ich werde ja nicht benötigt« gilt also nicht. Indem wir anderen dienen, mit dem, was wir haben, merken wir, daß auch wir selbst gespeist werden. Die Gemeinschaft des Leibes Christi ist stets gegenseitiges Nehmen und Geben.

Noch einmal der Hinweis: Gott hat uns geistliche Gaben nicht für uns selbst gegeben, sondern zum Dienst in der Gemeinde. Bei der Entwicklung der Gaben geht es also darum, sie in rechter Weise in das Ganze der Gemeinde einzuordnen und in ihren Dienst zu stellen.

Natürliche Fähigkeiten können trügen

Wie sehr wir beim Bau des Reiches Gottes irren können, wenn wir nur auf natürliche Fähigkeiten schauen, zeigt die folgende Geschichte:

In den zwanziger Jahren meldete sich ein Hausmädchen in London bei der berühmten China-Inland-Mission. Sie wollte als Missionarin nach China gehen. Man gibt ihr drei Monate Probezeit auf dem Seminar. Dann entscheidet das zuständige Komitee: »Es tut uns aufrichtig leid, aber den Antrag auf Aufnahme müssen wir ablehnen. Dieses junge Mädchen ist zwar von Herzen gläubig, sie ist auch voller Eifer – aber sie ist zu unbegabt.« 28 Jahre ist dieses »unbegabte« Mädchen alt. Nach dem ablehnenden Bescheid geht sie hin und spart sich von ihrem geringen Verdienst eine Fahrkarte nach China. Über zwei Jahre muß sie sparen, bis sie den Betrag zusammen hat. 1932 fährt sie auf eigene Faust in dieses ferne Land, um dort ohne jede Ausbildung als Missionarin tätig zu sein. Sie weiß um Gottes Ruf in ihrem Leben. Sie weiß für ihre Person um den Zusammenhang von Gnade und Begabung. Keine 20 Jahre später ist der Name dieser Frau in aller Munde. Ihre Missionstätigkeit ist berühmt und ganz offensichtlich von Gott gesegnet. 1950 erscheint das erste Buch über sie (Gladys Aylward, »Small Woman«). 1958 erscheint bereits die 17. Auflage. Längst ist es in viele Sprachen übersetzt (Alan Burgess, »Eine unbegabte Frau«, DVA Stuttgart; Hildegard Horie, »Stärker als tausend Wasserbüffel«, Oncken Verlag Wuppertal und Kassel). Ihre Geschichte ist auch verfilmt worden (»Inn of Sixth Happiness« mit Ingrid Bergmann).

Engagement in Beruf und Gemeinde gehören zusammen

Vielleicht fragen Sie sich: Was hat dieses Kapitel mit dem Buchtitel »Berufsstreß ade!« zu tun. Nun, natürliche Fähigkeiten, wie sie in Kapitel 2 geschildert wurden, und die hier geschilderten Geistesgaben sind zu einer Einheit zusammenzubringen, denn Engagement im Beruf und Engagement in der Gemeinde gehören für einen Christen zusammen. Jesus arbeitete als Zimmermann – und doch hatte er geistliche Verantwortung für ein ganzes Volk. Paulus arbeitete als Zeltmacher – und war doch Apostel der Heiden. Petrus arbeitete als Fischer – und war der Apostel der Juden. Lydia war eine Geschäftsfrau – gleichzeitig war sie Zeugin Jesu in ihrer Stadt. Ist das nicht mutmachend? Es gibt auch für uns einen Weg.

25. Burn-out: Seelisch bedingte Müdigkeit

Von der inneren Müdigkeit zur inneren Heilung

Unterschied zwischen Streß und Burn-out

Es gibt eine Müdigkeit, da hilft kein Ausschlafen und kein Urlaub auf Mallorca. Diese seelische Müdigkeit ist nicht mit Streß zu verwechseln.

Den Unterschied zwischen Streß und seelischer Müdigkeit kann man vielleicht so beschreiben:

- Streß ist in erster Linie eine körperliche Überlastung;
- Burn-out ist in erster Linie eine seelische Überlastung.
- Streß ist charakterisiert durch ein Überengagement;
- Burn-out ist charakterisiert durch völliges sich Herausziehen aus jeglicher Art von Engagement.
- Streß ist Erschöpfung der körperlichen Kräfte;
- Burn-out ist Fehlen von Motivation und Lust.
- Streß kann zum Tode führen (Herzinfarkt usw.);
- Burn-out ist nie tödlich, läßt aber das Leben wertlos erscheinen.

Burn-out ist eine seelische Störung

Ursache von Burn-out ist also nicht schwere Arbeit, sondern eine seelische Störung. Kommt man diesem seelischen Problem auf die Spur, so ist die Müdigkeit schnell behoben.

Grenzen der Psychotherapie

Der Psychotherapie ist es möglich, die inneren Zusammenhänge zwischen seelischer Fehlhaltung, Krankheit und Sünde aufzudecken. Der Druck auf den Betroffenen wird aber dadurch oft nur noch stärker: Er muß für alles geradestehen. Psychotherapie kann eine Lösung nur im Sinne einer Selbsterlösung durch Integration der eigenen Zwiespältigkeit und Gegensätzlichkeit angehen. Aber so, wie das Blatt schnell verwelkt, wenn es sich vom Baum losreißt, so ist der Mensch ein Lebewesen, das nicht nur eine ihm angemessene Umgebung, sondern auch eine enge Verbindung zum Lebensträger braucht. Sonst geht er zugrunde. Solange unsere Seele unruhig ist, reibt sie sich müde. Kein Wunder, daß wir abgespannt und mit den Nerven am Ende sind. Schon Kirchenvater Augustin sagte: »Meine Seele ist unruhig in mir, bis sie Ruhe findet in Gott.«

Vertrauen zu Gott

Im Vertrauen zu Gott, der nicht nur der Schöpfer, sondern auch der Erhalter unseres Lebens ist, liegt die einzige Möglichkeit einer fortwährenden Erneuerung der Kräfte. Jesus hat dazu gesagt: »Ich bin gekommen, daß sie das Leben in Überfluß haben sollen« (Joh. 10,10).

Vertrauen zu Gott zeigt sich in einer bestimmten Geisteshaltung: »Er ist bei mir«, »ich bin nicht allein«, »er fährt mit mir zum nächsten Kunden«, »er hilft mir im Umgang mit schwierigen Menschen«, »er hilft mir bei der jetzt anstehenden Entscheidung«.

Negative Denkgewohnheit brechen

Um mit tief verwurzelten negativen Denkgewohnheiten zu brechen, sollten wir bewußt Minderwertigkeitsgefühle angehen. Minderwertigkeitsgefühle haben ja unterschiedlichste Ursachen. Ein Schritt ist, sich klarzuwerden, daß wir gegenüber unseren Mitmenschen in nichts benachteiligt sind. Entkräften Sie Selbstvorwürfe wie:

– »Ich bin nicht intelligent genug.« – Die Welt ist voll von Menschen in Führungspositionen, die schulisch gesehen Versager waren.
– »Ich bin behindert.« – Die größte Behinderung, die jemand haben kann, ist negatives Denken, und dagegen kämpfen Sie ja jetzt an.
– »Ich bin zu alt.« – Wenn Sie nichts mehr interessiert, dann sind Sie alt. Ein 70jähriger mit Phantasie ist jung.
– »Ich stamme aus zu bescheidenen Verhältnissen.« – Herkunft oder Vergangenheit bilden nie ein Hindernis. Es kommt darauf an, in welche Richtung Sie sich heute bewegen.
– »Ich kenne nicht die richtigen Leute.« – Das läßt sich ändern. Einen Brief schreiben, jemand ansprechen, dazu braucht es etwas Mut, führt aber meistens zum Ziel.

Beginne jeden Tag mit einem positiven Gedanken

Kleide nicht nur deinen Körper – kleide auch deinen Geist! Vernünftige Menschen gehen nur angezogen unter die Leute. Schützen Sie sich mit einem positiven Gedanken gegen die negativen Einflüsse des Tages. Sammeln Sie solche »geistigen Schilde«, die Sie vor negativen Denken bewahren. Hier sind einige Beispiele:

– Er hat mich begabt, er hat mich bejaht, er hat mich bei

meinem Namen gerufen und mir gesagt: Du gehörst mir (Jes. 43,1).
- Bei Gott ist kein Ding unmöglich (Luk. 1,37).
- Was unmöglich ist bei den Menschen, ist möglich bei Gott (Luk. 18,27).
- Wenn Ihr Glauben habt wie ein Senfkorn, werdet Ihr zu diesem Berge sprechen: Hebe dich hinweg! Und er wird sich hinwegheben (Matth. 17,20).
- Alles ist möglich dem, der glaubt (Mark. 9,23).

Gottes Zusagen gelten persönlich

Nehmen Sie diese Zusagen als Gottes persönliche Zusagen für Sie. Wenn Gott Sie angenommen hat, was hindert Sie dann daran, sich selbst anzunehmen?

Wenn Sie beten, seien Sie bejahend und nicht zweifelnd. Dann danken Sie ihm, daß er Sie erhört. Jesus sagt: »Euch geschehe nach Eurem Glauben« (Matth. 9,29).

Es kommt entscheidend darauf an, daß ich nicht nur bekenne: Ja, Jesus ist der Herr; sondern daß ich dankbar sagen kann: Jesus mein Herr. So kommen wir weg von einem destruktiven, verneinenden und negativen Denken, hin zu einem positiven Vertrauen. Da dieses seinen Rückhalt in Jesus hat, müssen negative und destruktive Gedanken weichen.

Es klappt, es klappt wirklich

Sagen Sie also nicht: »Ich bin müde«, »ich bin am Ende«, »ich bin erledigt«, denn mit der Zeit werden Sie es tatsächlich glauben. Statt dessen sagen Sie: »Es klappt! Ich kann es kaum glauben, aber es klappt wirklich, denn ich bin ein Kind Gottes. Ich bin zu Großem fähig. Gott liebt mich. Alles vermag ich durch den, der mich stark macht.«

Gestern ist vorüber, morgen ist noch nicht da, und heute hilft der Herr!

26. Alles hat seine Zeit – nur was ist Zeit?

Zeit als Geschenk aus Gottes Hand

Kaufet die Zeit aus

Jeder von uns hat gleich viel Zeit: 168 Stunden pro Woche, 1440 Minuten oder 86.400 Sekunden pro Tag. Trotzdem haben wir alle unsere Probleme im Umgang mit der uns gegebenen Zeit. Wir erleben uns oft nicht als Herren unserer Zeit, sondern als Gejagte, als Sklaven der Zeit.

Dabei ist uns klar, daß jeder von uns genug Zeit hat, all das zu tun, was Gott durch ihn getan haben möchte. »Ein jegliches hat seine Zeit, und alles unter dem Himmel hat seine Stunde« (Pred. 3,1). Paulus schreibt an die Epheser: »So sehet nun wohl zu, wie ihr wandelt, nicht als Unweise, sondern als Weise, und kaufet die Zeit aus, denn es ist böse Zeit« (Eph. 5,15-16).

Kairos: einmalige Gelegenheit

Wenn Paulus an die Epheser schreibt: »Kaufet die Zeit aus«, so benutzt er hierfür das griechische Wort »Kairos«; das bedeutet dann nicht einfach Zeit, sondern die besonders günstige, vielleicht einmalige Gelegenheit. Gottes Zeit ist die allerbeste Zeit. Es gibt Stunden der Verheißung, Stunden der Heimsuchung, Stunden der Erfüllung, es gibt Gnadenstunden, die so nicht wiederkehren – Gott weiß die rechte Zeit und Stunde, ich muß es Gott zutrauen, daß er jederzeit in vollkommener Weisheit und Liebe mit mir handelt. Sind wir Herren unserer Zeit? Nein, befristete Verwalter, Menschen in Gottes Hut. Das Auskaufen der Zeit will gelernt sein. Dazu soll dieses Buch helfen.

Zwei Sprichwörter

Wenn wir Fortschritte im Zeitauskaufen machen, lernen wir intensiver und mit weniger Anfechtung zu leben. Ein türkisches und ein spanisches Sprichwort beleuchten die Gefahr der Trägheit. Das eine lautet: »Der Fleißige wird nur von einem Teufel geplagt, der Faule von tausend«, das andere: »Gewöhnlich werden Menschen vom Teufel versucht, aber der Faule versucht den Teufel.« Die Fähigkeit, die Zeit richtig zu gebrauchen, ist eine kraftvolle Sache.

Zeit ist Geld

Das vielzitierte Wort »Zeit ist Geld« stimmt so leider nicht. Geld kann aufbewahrt werden, verlorenes Geld kann ich unter Umständen wieder zurückbekommen, Geld ist beliebig vermehrbar. Dies alles trifft für die Zeit nicht zu. Verlorene Zeit kann nicht zurückgeholt werden. Ein vergeudetes Wochenende ist unersetzlich verloren. Von daher bekommt Zeit ihren einmaligen Wert. Christi Gleichnis von den anvertrauten Pfunden erinnert uns, daß wir Gott Rechenschaft schuldig sind für den Gebrauch der Zeit. Dabei geht es ja nicht nur um unsere Zeit, sondern auch um die Zeit der anderen.

Der Bundestagsabgeordnete Friedrich Hölscher hat im Deutschen Bundestag vor einiger Zeit Aufmerksamkeit erregt: Seine Rede dauerte nur 30 Sekunden und enthielt in sieben knapp formulierten Punkten alles, was zur Sache zu sagen war.

Eine 30-Sekunden-Rede

Dieses Beispiel zeigt, wie enorm viel Zeit wir durch straff gefaßte Beiträge gewinnen können. Indem jemand redet, nimmt er die Zeit anderer in Anspruch. Damit haben wir es in der Hand, ob wir anderen Zeit »stehlen« oder ob wir anderen Zeit »schenken«, weil wir uns kurz fassen.

Zeit stehlen oder schenken

Mein dichtender Freund meint dazu:

> Wer anderen Zeit stiehlt, ist ein Dieb,
> ob aus Versehen – oder Tücken –
> zu strafen wär' der aus Prinzip,
> obwohl Juristen nicht durchblicken.

Sitzungen

Wieviel Sitzungen und Besprechungen haben wir im Beruf und in der Gemeinde! Haben wir uns vorher gründlich mit der Tagesordnung befaßt? Haben wir uns nicht nur über die Anfangs-, sondern auch über die Schlußzeit verständigt?

Mein Freund dichtet weiter:

> Was häufig wir einfach vergeuden
> – grad' zwischen zwei Vorhaben drin –:
> die klitzekleinen Kleckerzeiten
> zu nutzen, kommt uns kaum in Sinn.

Kaum Zeit?

Natürlich leiden wir unter Zeitnot, natürlich finden wir uns plötzlich trotz sorgfältiger Planung in Hetze und Tempo wieder und suchen nach »freien Löchern« im Terminkalender. Trotzdem ist es nicht richtig zu sagen: »Ich habe keine Zeit«, ehrlicher wäre: »Ich habe für diese Sache, für dich jetzt keine Zeit!« In anderen Worten: »Ich habe meine Zeit selbst verplant oder darüber verfügen lassen, dabei ist leider nichts mehr übriggeblieben.«

Was machen wir mit unserer Freizeit?

Klar ist auch: Für Dinge, die einem wichtig sind, wird man immer Zeit finden. Und Zeit haben wir ja schließlich auch. Um 17.00 Uhr kommen viele von uns bereits nach Hause. Was machen wir von 17.00-18.00 Uhr? Was tun wir von 18.00-19.00 Uhr? Was tun wir am Samstag? In vielen Ländern dieser Welt gehen die Menschen um 6.00 Uhr zur Arbeit, um dann um 23.00 Uhr heimzukommen. Samstags wird auch gearbeitet, oder wie z.B. in Korea, wo auf dem Lande nur jeder 2. Sonntag frei ist. Und trotzdem blüht dort Gemeinde auf, weil die Menschen sich viel Zeit zum Einladen und Beten nehmen.

Die gute alte Zeit

War die gute alte Zeit vielleicht deswegen »gut«, weil die Generationen vor uns noch Zeit für Gott hatten? Denn: »Wer zu beten versucht, tritt aus der Zeit heraus und steht über den Dingen.« Wer zu Gott kommt, findet auch wieder zu sich selbst. Wer mit Gott redet, hat Zeit, um auf andere zu hören.

Alles hat ein Ende, nur der Kreis nicht. Lassen wir die Zeiger unserer Uhren deshalb im Kreis laufen, um uns glauben zu machen, daß auch unsere Zeit endlos ist?

Leben hat Anfang und Ende

Richtig ist, daß wir uns auf einer bereits gelegten Zeitschiene vorwärts bewegen. Den Abfahrtsbahnhof kennen wir: er heißt Geburt. Wir alle kennen auch den Zielbahnhof, von dem viele so lange wie möglich nichts wissen wollen (weshalb er für viele auch so »überraschend« kommt), er heißt Tod! Die Zwischenstationen auf dieser Fahrt kennen wir nicht. Auch die Landschaft, durch die uns der Lebenszug fährt, ist uns unbekannt.

Zeit als Äon

Die Bibel kennt die Zeit nicht nur als vergehende Zeit, sie sieht sie als eine fortschreitende Bewegung, als Äon. Zeit ist darum nie vergangen, sondern bildet wie bei einer Kette ein Ganzes durch die Aneinanderreihung von Ereignissen. Dabei prägt eine Periode die andere im voraus. Erst die vollendete Kette läßt den Sinn und das Geheimnis des Ganzen erkennen. Zeit zieht unaufhaltsam der Vollendung entgegen. Wobei die Ewigkeit nicht die Verlängerung unserer Zeit ist, sondern etwas qualitativ anderes.

Zeit als Teil des Heilsplanes Gottes

Meine Zeit ist eingefaßt in den Zeit- und Heilsplan Gottes. Das macht mich getrost, zuversichtlich und gelassen. Wenn wir selber Herr der Zeit sein wollen, merken wir, daß wir schnell Sklaven der Zeit werden. Wir übernehmen uns, wir verlieren den Überblick und das Maß, wir planen

mehr hinein, als möglich ist; und das Resultat: Wir haben kein wirkliches Heute, denn »unsere Morgen morden unsere Heute« (Droste-Hülshoff). Der eigentliche Grund ist, daß wir unsere Zeit herrisch verplanen und sie nicht aus Gottes Hand nehmen. Ich darf den Mut zum Unvollkommenen haben, das Ja zum Fragment; es wird von mir nur verlangt, daß ich in dem, was ich tue, treu bin. Die Gelassenheit fällt dem Menschen zu, der die Vorläufigkeit des Irdischen durchschaut.

Ein Zeitgleichnis

Wann begann Zeit? Verchuer hat 1955 ein sehr schönes Zeitgleichnis geschrieben: »Setzt man den uns durch Gesteine belegten Entwicklungsabschnitt der Erde von rund zwei Milliarden Jahren Dauer gleich einem Kalenderjahr, dann beginnt das Urkundenmaterial organischen Lebens im September. Erst in den letzten zehn Tagen des Jahres entfalten sich die höheren Säugetiere. Der Mensch erscheint in den letzten zweieinhalb Stunden des ausklingenden Jahres, die etwa 60.000 Jahren entsprechen; der Homo sapiens in seiner jetzigen Gestalt ist erst seit einer halben Stunde vorhanden. Seine etwa 6000 Jahre zählende Weltgeschichte schrumpft zu den letzten eineinhalb Minuten zusammen. Ein Menschenleben von 80 Jahren hat den relativen Zeitwert von eineinfünftel Sekunden.«

Persönliches Zeitkapitel

In diesem großen Zusammenhang haben wir unseren Platz. Jeder Mensch hat ein bestimmtes Zeitkapital, das er einsetzen kann. Sie wollen wissen, wie hoch Ihr persönliches Zeitkapital noch ist? Wenn Sie davon ausgehen, daß Sie im Alter von 63 Jahren als rüstiger Rentner in den Ruhestand gehen, dann können Sie so rechnen: 63 Jahre = Lebensalter x 1920 (20 Tage pro Monat x 8 Stunden = 160 Stunden pro Monat x 12 Monate = 1.920 Stunden).

Gebet

Herr! Ich habe viel Zeit! Viel Zeit! Noch Zeit!
Aber wie lange noch?
Habe ich sie genutzt? Nach deinem Willen?
Du wirst mich danach fragen!

Der Psalmist sagt:
Meine Zeit steht in deinen Händen.
Du gibst mir die Zeit, Herr!
Als Gabe und Aufgabe.
Dafür danke ich dir.

27. Beten im Betrieb – möglich, nötig, sinnvoll?
Betriebsklima geht jeden an!

Suchet des Betriebes Bestes . . . Eine Arbeitsstelle bringt auch eine geistliche Verantwortung mit sich

»Suchet der Stadt Bestes« kann man hier ohne weiteres übersetzen mit: »Suchet des Betriebes Bestes«. Klar, eine Arbeitsstelle ist nicht nur zum Geldverdienen da. Dadurch erhält man zwar Geld zum Leben, Reichtum und Wohlstand, jedoch bringt eine Arbeitsstelle natürlich auch eine geistliche Verantwortung mit sich. So wie ein Gärtner den ihm anvertrauten Garten liebevoll pflegt, nutzt und zur Entwicklung bringt, so ist jede Arbeitsstelle für uns wie ein Garten, für den auch ein geistlicher Auftrag besteht.

Mancher wird einwenden: Schließlich kann man doch nicht Tag und Nacht die Hände falten – der Beruf ist doch da, um beruflich seinen Mann zu stehen. Mehr noch: Es handelt sich hier um Aufgaben, die uns ganz fordern und uns keine Zeit für andere Dinge lassen.

Betriebsgebetskreise

Eine Möglichkeit, um im Alltag an die Kraftquelle des Gebets angeschlossen zu sein, sind sogenannte Betriebsgebetskreise. Man findet sie bei Mercedes und BMW, bei Bosch und Siemens, aber auch in mehr und mehr mittelständischen Betrieben. In solchen Gebetskreisen wird die fachliche und zwischenmenschliche Problematik, die sich am Arbeitsplatz ergibt, vor Gott gebracht. Im Gebet kann man »problematische« Vorgesetzte und Mitarbeiter dankend vor Gott bringen und erfahren, wie oft »von selbst« Veränderungen eintreten, das »Eis schmilzt«. Oder man kann um echte Motivation für den Betriebsalltag bitten.

Möglichkeit, um Berufsstreß abzubauen

Aus eigener Erfahrung kann ich berichten, daß so eine kleine Gruppe, die füreinander betet und die Bibel liest, hervorragend befähigt ist, Berufsstreß abzubauen. In der Gemeinschaft, im Zeugnis des anderen und im gemeinsamen Dienst liegt eine große, heilende Kraft.

Hilfe, um mit Schwierigkeiten fertig zu werden

Wer voll im Berufsleben steht, weiß von den unzähligen Schwierigkeiten und Problemen, die einen bedrängen. Spannungen, Belastungen und Streß des modernen Lebens kann man nicht entgehen. Ein solcher Gebetskreis hilft, daß unter diesen Belastungen niemand zusammenbrechen muß. Jeder einzelne spürt, wie er mit der Kraft des Heiligen Geistes Schwierigkeiten bezwingen kann. »Der in euch ist, ist größer als der in der Welt ist« (1. Joh. 4,4), und Jesus sagt: »In der Welt habt ihr Angst; aber seid getrost, ich habe die Welt überwunden« (Joh. 16,33).

Einladung am Schwarzen Brett

Als günstig hat sich ein Treffen am Montagmorgen vor Arbeitsbeginn herausgestellt. Das Gebet hilft, sich auf die neue Arbeitswoche einzustellen und die Arbeit wieder ins richtige Licht zu setzen. Wie entsteht ein solcher Gebetskreis? In aller Regel werden sich nur Angehörige desselben Betriebes in einem solchen Kreis treffen. Die Einladung erfolgt persönlich bzw. über einen Hinweis am Schwarzen Brett oder auch in der Betriebszeitung. Der Hinweis kann z.B. lauten: »Gebetskreis für Christen. Haben Sie Interesse? Melden Sie sich bei Robert Schulze in der Versandabteilung (Tel. 123).«

Erlaubnis der Geschäftsleitung

Für so ein Treffen ist eine offizielle Erlaubnis der Geschäftsleitung einzuholen. Man kann sich dann im Büro eines Mitarbeiters, in der Kantine oder in einem Konferenzzimmer treffen. Allerdings: Sollte die Firmenleitung ein solches Treffen in der Firma verbieten, so sollte man nicht darüber klagen. Manche Firmenleitungen wollen verhindern, daß sich aufgrund des Gleichheitsprinzips plötzlich politische oder andere Organisationen im Betrieb treffen. In diesem Fall sollte man auf in der Umgebung liegende Gemeindehäuser, Kirchen oder in eine Privatwohnung ausweichen.

Gebetskreis ist keine Informationsbörse

Klar ist, daß dies nicht ein Kreis ist, um »Firmenklatsch« weiterzugeben oder sich durch Anwesenheit von höhergestellten Kollegen einen Informationsvorsprung zu erwerben. Es geht einfach darum, in der Stille vor Gott und im Gespräch mit Gott schöpferische Kraft zu gewinnen, um Ideen, Lösungen und Einsichten zu erhalten und um die Mitarbeiter und die Firma ins Gebet einzuschließen.

In der Regel wird zuerst jemand einen Bibeltext lesen

oder auch die Tageslosung. Dann werden Gebetsanliegen genannt, um dann zum freien Gebet der Teilnehmer in beliebiger Reihenfolge überzuleiten. Eine gewisse Pünktlichkeit, vor allem auch, weil es doch sehr früh am Morgen ist, ist notwendig. Zugegeben: Es kostet Überwindung, aber es lohnt sich. Zuerst für einen selbst, dann für das Betriebsklima.

Ablauf eines Treffens

Eine Sammlung von Gebeten im Büro finden Sie in dem kleinen preiswerten Büchlein: »Herr, sieh dir meinen Schreibtisch an«, Ken D. Thompson, Christliches Verlagshaus, Stuttgart.

Literaturhinweis

Der Deutsche Christliche Technikerbund (DCTB) hat eine Schrift in der Reihe: »Know-how« mit dem Titel »Betriebsgebetskreis« (16 S.) publiziert. Diese ist kostenlos unter der Adresse: DCTB, Postfach 1122, 7015 Korntal-Münchingen 1 (Tel. 0711/831317), zu erhalten.

28. Christsein im Betrieb – möglich, nötig, sinnvoll?

Gottes Mitarbeiter sein – in vorbildlichem Lebensstil

Wenn man in Länder kommt, die eine Erweckung erleben, und sieht dort Christen bei der Arbeit, ist man erstaunt. Unwillkürlich wird man an den Soziologen Max Weber erinnert, der analysiert hat, warum die protestantische Ethik einen enormen Anstieg des Wohlstandes und des Kapitals

Protestantische Ethik

bewirkt. Weber beschreibt die Menschen, die damals von der Erweckungsbewegung ergriffen waren, als Menschen mit besonderen Eigenschaften: Ehrlichkeit, Fleiß und Sparsamkeit. Mittlerweile gibt es 9.000 schriftliche Beiträge zu den Weberschen Thesen: eine einzigartige Bestätigung dafür, daß geistliche Menschen fröhliche und engagierte Menschen sind.

Beruf kommt von Berufung

Immer wieder zeigt sich: Sinnfindung und Leistungsfähigkeit liegen eng beieinander. Das Wort »Beruf« stammt aus der Bibel und hängt eng mit dem Begriff »Berufung« zusammen. Der geistliche Stand galt als wirklicher Beruf. Zu ihm war man berufen.

Der biblische Grundsatz

Nur wenige sehen heute ihren Beruf noch als Berufung. Dabei heißt der biblische Grundsatz: »Alles, war Ihr tut, das tut von Herzen als dem Herrn und nicht den Menschen« (Kol. 3,23).

Beruf und Job ist zweierlei

Wo die innere Bindung zum Beruf nur noch sehr lose ist, sagt man nicht mehr Beruf, sondern einfach »Job«. Beruf ist dann nur noch Broterwerb.

Christen sind Vorbilder

Mit dem Titel dieses Kapitels »Gottes Mitarbeiter sein – in vorbildlichem Lebensstil« ist auch schon klargestellt, daß wir nicht zur Mittelmäßigkeit berufen sind, sondern daß wir Vorbilder sein sollen. In der Bergpredigt (Matth. 5,41) steht der Vers: »Und wenn dich jemand nötigt, eine Meile mitzugehen, so gehe mit ihm zwei.« Als Jesus diese Worte sprach, lebten die Juden unter römischer Regierung. Eines der Dinge, die die Juden tun mußten, war Lasten zu tragen. Wenn z.B. ein Römer mit einer Last auf dem Rücken einem Juden begegnete, konnte er ihm befehlen, die Last für ihn zu tragen. Aber nur eine Meile. Jüdische Jungen hatten oft in einer Meile Entfernung von ihrem Wohnhaus eine Markierung angebracht. An diesem Pfosten angekommen, konnten sie die Last hinwerfen. Und nun kommt Jesus und sagt: Diese Haltung sei nicht die eines Christen. Nicht anhalten nach einer Meile, sondern noch einmal eine Meile mitgehen.

Christen gehen die zweite Meile

Die Juden waren geschockt, aber genau darum geht es heute immer noch. Wer sich entschieden hat, Gottes Mitarbeiter in vorbildlichem Lebensstil zu sein, geht diese zweite Meile.

Christsein im Betrieb

Möglichkeiten

Christsein im Betrieb hat etwas mit der zweiten Meile zu tun, die Jesus hier anspricht. Es gibt ja zwei Möglichkeiten: Entweder ich tue das Mindestmaß und keinen Strich mehr, oder ich erledige die Dinge lächelnd, zuvorkommend und fest entschlossen, es besser zu machen, als man das von mir erwarten kann. Ganz von selbst kommt dann der Tag, wo eine Beföderung ins Haus steht und ein Vorgesetzter sagt: Wir haben Sie beobachtet und denken, wir könnten Sie auch für eine andere anspruchsvollere Arbeit einsetzen.

Genie zu sein ist Schweiß

Von Edison ist bekannt, daß ihn kurz vor seinem Tod die Reporter fragten: »Herr Edison, Sie haben etwa 1000 Erfindungen gemacht und viele Patente erhalten. Wie ist es möglich, daß aus dem Kind, das der Lehrer mit einem Zettel auf dem Rücken »Bitte behaltet diesen Jungen zu Hause, er ist zu dumm!« wieder nach Hause schickte, ein solches Genie wurde?« Darauf Edison: »Genie zu sein ist zu 98 Prozent Schweiß. Es ist nicht so sehr Talent oder Begabung, sondern die Bereitschaft, alles zu geben.«

Keine Trennung zwischen Beruf und Privat

Von dem Schweizer Wirtschaftler und Politiker Gottlieb Duttweiler, dem Begründer der Migros-Lebensmittelkette, wurde gesagt: »Er brachte das Wunder fertig, den Kopf hoch oben in den Wolken zu haben und gleichzeitig mit den Beinen fest auf dem Erdboden zu gleiben.« Mit den Beinen fest auf dem Boden der Realitäten, in die Gott uns hineingestellt hat. Den Kopf frei für das ewige Ziel, dem wir entgegengehen. Daran sollte man den echten Christen erkennen. Dies ist gar nicht selbstverständlich, denn wir sind leicht in der Gefahr, zwischen Beruf und Privatleben zu unterscheiden. Beim Studieren des Fahrplanes stoße ich immer wieder auf die Bezeichnung »Zug verkehrt nur an Sonn- und Feiertagen«.

So heißt es bei vielen von uns: Christsein erfolgt nur an Sonn- und Feiertagen. Im privaten Bereich, im Beruf und in der Öffentlichkeit ist davon nichts zu merken. Nicht, daß wir eine bestimmte Arbeit leisten, ist das Entscheidende, sondern auf das Wie kommt es an. Christen tun ihre Arbeit, als gelte sie dem Herrn, d.h. sie tun ihre Arbeit in Verantwortung vor ihrem Herrn.

Ehrlichkeit

Ehrlichkeit im Reden

Sind wir beim Sprechen ebenso ehrlich wie bei unserem Handeln? Eine Bank auszurauben kommt für keinen von uns in Frage, aber vielleicht erzählen wir kleine Bequemlichkeitslügen, um einen Auftrag zu bekommen? Neigen wir dazu, Tatsachen zu verdrehen oder zu übertreiben, um das Bild aufzuhellen? Bei einer Tagung sagte ein Geschäftsmann: »Ich lüge, genau betrachtet, den ganzen Tag über. Ich sage dem Kunden etwas anderes als dem Lieferanten, den Mitarbeitern etwas anderes als den Konkurrenten, den Aktionären etwas anderes als der Steuerbehörde. Und allen diesen Leuten sage ich meist nicht alles, was ich mir selbst sage.« Ein solches Geständnis ist erschütternd. Doch neigen wir nicht alle dazu, Tatsachen zu verdrehen oder zu übertreiben, um das Bild etwas aufzuhellen? Versprechen wir nicht alle ab und zu Dinge, von denen wir nicht sicher sind, ob wir sie auch halten können?

Konzentration

Gott erwartet von uns gute Arbeit. Wir müssen keine Leute sein, »die alles können und wissen«. Aber im Rahmen unserer Möglichkeiten sollte jeder in seiner Arbeit das Beste geben.

Keine Zeit vergeuden

Henry Martyn hielt es für unmöglich, bei seiner Übersetzung der Bibel auch nur eine Stunde zu vergeuden. Im Geist sah er die Völker, welche auf die in diesem Buche verschlossene Wahrheit warteten.

Kardinal Manning arbeitete mit zunehmendem Alter in immer wachsender Anspannung. Angesichts der Schrekken der Zivilisation, angesichts von Armut, Trunksucht und Ausschweifungen kam so etwas wie eine Leidenschaft über ihn.

Wie können wir bei Beruf oder Studium Zeit vergeuden? Wie ist es möglich, nicht hochkonzentriert zu arbeiten, wenn so viele Aufgaben, so viele Nöte auf Hilfe warten?

In die Weiterbildung investieren

In jeder Minute entsteht eine neue chemische Formel, alle drei Minuten wird ein neuer physikalischer Zusammenhang entdeckt und alle fünf Minuten wird eine neue medizinische Erkenntnis gewonnen. Wenn in diesem Zusammenhang von einer »Explosion des Wissens« gesprochen wird, so ist dies wohl nicht abwegig. Wenn Bildungsexperten behaupten, daß das uns verfügbare Wissen sich alle zehn Jahre verdoppelt, dann ist klar, daß uns ein »lebenslanges Lernen« nicht erspart bleibt. Jeder sollte mindestens jährlich einen Fortbildungskurs belegen. Volkshochschulen, Großbetriebe und private Institutionen bieten hier ein reiches Programm.

Gott handelt mit tätigen Menschen

Sie setzen sich in Ihrem Beruf voll ein, und Sie haben Erfolg. Rechnen Sie damit, daß nicht nur beruflich neue und weitergehende Aufgaben auf Sie zukommen, sondern daß auch Gott neue und weitergehende Aufgaben für Sie bereithält. Wenn er Menschen für seinen Dienst sucht, nimmt er in aller Regel solche, die bereits tätig und mit Liebe und Begeisterung an der Arbeit sind.

In der Bibel liest sich das so:

Biblische Beispiele

- Jakobus und Johannes waren dabei, ihre Netze zu flicken.
- Mose war dabei, die Herde am Horeb zu weiden.
- Gideon arbeitete an der Weinkelter.
- David versorgte die Schafe seines Vaters.
- Saul suchte nach der verlorenen Eselin seines Vaters.
- Elisa pflügte mit zwölf Joch Rindern.
- Nehemia bediente den König als Mundschenk.
- Matthäus war dabei, Zoll zu kassieren.

»Family, how are you?«

Berufs- und Familienleben verbinden

»Danke, schlecht!« wäre vermutlich die ehrliche Antwort vieler Familien, deren Väter und Mütter im Beruf Vorbildliches leisten. Oft ist es so, daß die beruflichen Gegebenheiten einen derart starken Einsatz fordern, daß nur noch wenig Zeit und Energie für die »Hinterbliebenen« bleibt.

Die Frage, wie man Berufs- und Familienleben so miteinander verbindet, daß beides zu seinem Recht kommt, ist gerade für Christen besonders wichtig. Fragen, die es zu stellen gilt, sind:

- Leben Sie im Augenblick gerne in Ihrer Familie?
- Ist die Familie mit dem einverstanden, was Sie beruflich machen?

Engagement in Gemeinde und Beruf ist möglich

Früher konnte ich mir nur schwer vorstellen, daß man engagiert in seinem Beruf und auch engagiert in der Gemeinde tätig sein kann. Dann traf ich Tom Stanley, einen amerikanischen Unternehmer, der dies in hervorragender Weise miteinander verband. Mehr noch: Seine berufliche Stellung benutzte er als Möglichkeit, um missionarisch zu wirken, und zwar weit über das hinaus, was ein normaler Gemeindepfarrer leisten könnte. Ich habe mich damals entschieden, konsequent in meinem Beruf zu arbeiten, aber genauso konsequent Gott zur Verfügung zu stehen. Ich habe es nicht bereut. So wird auch ein weltlicher Beruf zur Berufung.

29. Darf man als Christ erfolgreich sein?

Erfolg – was ist das?

Eine Formel für Erfolg

Nur wenige Leute wissen, daß Albert Einstein eine mathematische Formel für Erfolg aufgestellt hat. Er sagte: »Erfolg = x + y + z.« x steht für Arbeit, y steht für Spaß und z heißt: »Man muß schweigen können.«

Im christlichen Bereich redet man nicht viel über Erfolg. Man hat sich das »z« herausgepickt. Man schweigt.

Über Erfolg redet man nicht

Ich weiß von Geschäftsleuten, die bei Hirt, bei Mewes, bei HelfRecht oder bei anderen Erfolgsstrategien einüben – darüber in ihrem Presbyterium aber nicht reden dürfen und auch nicht reden wollen.

Christ sein und erfolgreich sein – geht das?

Eine schwierige Frage. Kann jemand Christ sein und gleichzeitig erfolgreich sein? Schließt sich das nicht gegenseitig aus? Entweder bin ich geistlich gesonnen – dann sollte ich nicht gerade erfolgreich sein. Oder ich bin erfolgreich – dann ist es doch klar – geistlich kann ich dann nicht sein. Stimmt dies wirklich?

Ein Christ auf Erfolgskurs ist suspekt

Zum Thema »geistliches Leben« bzw. »wie man geistlicher wird« gibt es viele Bücher, und es werden laufend neue geschrieben. Auch zum Thema »Erfolg« gibt es viele Bücher. Aber wo ist das Buch, das beides zusammenbringt? Die evangelischen Christen haben hier noch ein besonderes Problem, daß man nämlich, falls man sich auf Erfolgskurs bewegt, sehr schnell der »frommen Werkerei« bezichtigt wird. Geistlich sein und Erfolg haben: Es sieht so aus, als würde sich das gegenseitig ausschließen.

Wer viel Geld verdient und einen Mercedes fährt, der muß unehrlich sein. Ist es nicht amüsant: Wenn ich in den Mercedes eines Christen einsteige, dann fühlt er sich sofort verpflichtet, mir zu bekunden, warum er ein solches Auto fährt. Aber ich beobachte das an mir selbst auch. Wenn jemand in unseren Bungalow mit Südhanglage kommt, dann bin ich schnell dabei zu erklären, daß das Haus anderthalb Jahre leer stand und daß dies ein absoluter Gelegenheitskauf war.

Lassen Sie uns das Problem noch einmal anders auseinanderfalten.

Scheinbare Widersprüche

Ein Mensch steht im Berufsleben, wo eine bestimmte Sicht der Dinge vorherrscht; aber dann liest er die Bibel, und er hört etwas ganz anderes. Beides scheint sich gegenseitig auszuschließen. Das sieht dann so aus:

Die Welt sagt:

– Stecke dir Ziele.
– Du mußt dein Leben selbst kontrollieren.
– Du mußt auf dich selbst vertrauen.
– Habe eine hohe Achtung vor dir selbst.
– Denke Großes und denke positiv.
– Strebe danach, etwas Großes zu werden.
– Werde die Nummer 1.

Gott sagt:

– Mach dir keine Sorgen wegen morgen.
– Laß Christus dein Leben kontrollieren.
– Setz dein Vertrauen nicht auf das Fleischliche.
– Verleugne dich selbst.
– Du sollst dich unterordnen.
– Sei zufrieden mit dem, was du hast.
– Demütige dich.

Ich gehe also durch die Welt und höre die eine Aussage und dann gehe ich in den Gottesdienst und höre etwas ganz anderes, nämlich was ein Leben in der Nachfolge Christi ist, und was es heißt, »sein Kreuz auf sich zu nehmen«. Dies muß verwirrende Konflikte schaffen.

Ist Ziele stecken ungeistlich?

Nehmen wir einmal die erste Aussage: Steht der Satz »Stecke dir Ziele« wirklich im Widerspruch zu der Aussage

»Denke nicht an das Morgen?« Oder ergänzt sich das nicht vielleicht sogar?

Heißt das, wir dürfen keine Ziele haben? Jesus hatte Ziele. Der Apostel Paulus setzte Ziele: »Dies eine tue ich« und nicht die vierzig anderen Dinge.

Jesus hatte Ziele

In Jakobus 4,14 steht dieser Satz: »Die ihr nicht wisset, was morgen sein wird.« Und dabei entdeckt man, es geht ja eigentlich gar nicht gegen das Planen und Zielestecken. Dieser Satz richtet sich nur gegen Planen ohne Gott. Wir sollen sagen: Falls der Herr es will, dann gehen wir in die

Stadt und tun diese und jene Tätigkeit. Es heißt also nicht, daß wir keine Ziele haben sollen. Es geht darum, nicht selbstherrlich und ohne Gott zu planen.

Sein Leben kontrollieren

Wie ist das nun mit der zweiten Aussage: »Du mußt dein Leben selbst kontrollieren«? Dabei entdecke ich, daß dies doch durchaus ein von Christus kontrolliertes Leben sein kann, wenn Christus in mir ist. Liebe, Freude, Friede, Geduld ... (Gal. 5,22): die Früchte des Heiligen Geistes.

Auf sich selbst vertrauen

Die nächste Aussage: »Du mußt auf dich selbst vertrauen.« Wenn ich in der Bibel blättere, entdecke ich, daß einige der effektivsten Personen, die Gott benutzt hat, Menschen mit einem hohen Selbstvertrauen waren. Leute, die genau wußten, wo sie hin wollten. In Johannes 13,3 heißt es von Jesus: »Weil er wußte, woher er kam, und wußte, wohin er ging, konnte er dies tun.« Deswegen konnte er ein Handtuch und eine Waschschüssel nehmen und der Diener aller sein.

Denke Großes und denke positiv!

Groß und positiv denken

Ich lese in der Bibel und komme dabei an den Philipperbrief. Da fällt mir die Geschichte ein, wo ein Theologiestudent beim Examen in Tübingen gebeten wird, er solle doch kurz den Inhalt des Philipperbriefes wiedergeben.

Paulus denkt positiv

Seine Antwort: »Freuet euch in dem Herrn allewege.« Der Professor fragt weiter: »Was steht da noch drin?« »Und abermals sage ich: Freuet euch!« Phantastisch!

Wo war Paulus damals? Im Urlaub auf Mallorca? Nein, er war im Gefängnis. Da ging es drunter und drüber, aber Paulus sagte mitten in diesem Durcheinander: »Ich möchte, daß ihr euch im Herrn freut.« Das ist positives Denken. Es geht also nicht darum, daß wir nicht groß und positiv denken sollen, nein. Es geht nur darum, daß wir unser Vertrauen nicht auf irdische Dinge setzen sollen. Wir müssen lernen, die Dinge aus Gottes Perspektive zu betrachten.

Und so könnten wir nun die ganze Liste durchgehen. Schließen sich diese Dinge nun aus oder ergänzen sie sich?

Jesus sagt: »Ich bin gekommen, daß euer Leben die Fülle hat.«

Wie könnte man nun Erfolg definieren? Ist etwa die Menge des Geldes der Maßstab?

Macht Geld den Erfolg?

Jesus macht klar, daß nicht derjenige der Erfolgreichste ist, der möglichst viel Geld angesammelt hat. Jesus sagt: »Ihr sollt euch nicht Schätze sammeln auf Erden, wo sie die Motten und der Rost fressen« (Matth. 6,19-21).

Nicht was wir haben, sondern »was uns hat«

Einige der stärksten Materialisten, die ich kennengelernt habe, hatten kaum Geld in der Tasche. Dagegen Leute, die superreich sind, sind zum Teil überhaupt nicht materialistisch. Es geht doch nicht darum, was wir haben, sondern um das, »was uns hat«. Es ist großartig zu sehen, wie Menschen anfangen, den Zehnten zu geben und dann 12 Prozent und dann 15 Prozent und dann 18 Prozent usw.

Was ist Erfolg? Mögliche Antworten

Wenn nun Erfolg aber nicht bloß viel Geld ist, was ist Erfolg dann?

Wir haben kürzlich in einem größeren Kreis diese Frage gestellt, und dann kam als Antwort:

1. zufriedene Kinder,
2. Ansehen,
3. profitabler Betrieb,
4. Gesundheit,
5. ein Leben ohne Probleme,
6. im Mittelpunkt stehen usw.

Eine interessante Definition des Erfolges, auf die ich mich beziehen will, stammt von *William H. Cook*:

»Erfolg ist *beständig* zu arbeiten, so zu werden wie *Gott* mich geplant hat und die *Ziele* zu verwirklichen, die mit Gottes Hilfe gesteckt wurden.«

Definition von Erfolg

Wenn Sie diese Definition einmal genauer ansehen, dann können Sie drei wesentliche Punkte festhalten:

1. das Wörtchen »beständig«,
2. Gott,
3. Ziele.

1. Beständig

Treffen Sie heute die richtigen Entscheidungen. Die Zukunft wird aus vielen »jetzt« gebaut. Vielleicht hatten Sie große Erfolge in der Vergangenheit. Vielleicht waren Sie auch ein Versager. Dies ist nicht wichtig. Entscheidend ist, welche Entscheidung Sie heute treffen und wohin Sie sich heute bewegen.

Entscheidend ist, wohin wir uns bewegen

2. Gott

Gott stellt den Menschen in die Welt, damit er Erfolg hat und nicht, damit er versagt. Gott weiß sehr viel von Erfolg. Immerhin hat er uns als sein Ebenbild geschaffen, damit wir Leben in Fülle haben sollen. Darüber hinaus hat Gott ein Buch geschrieben, das verbürgte Erfolgsprinzipien enthält.

Die Bibel enthält Erfolgsprinzipien

3. Ziele

Wer sich viel vornimmt, wird viel erreichen. Wer sich wenig vornimmt, wird wenig erreichen. Wer sich nichts vornimmt, wird nichts erreichen. Sie erreichen genausoviel, wie Sie sich vornehmen. Falls Sie sich keine Ziele stecken, werden Ihnen von anderen Ziele gesteckt, und falls Sie nicht planen, werden Sie eben von anderen verplant. Also: Beten Sie und haben Sie den Mut, kühne Dinge zu denken und zu planen.

Ziele sind wichtig

Gott ist an Ihrem Erfolg interessiert, vorausgesetzt, Ihre Definition von Erfolg ist in seinem Sinn.

30. Was sagt die Bibel zu Beruf und Arbeit?

Vom Sinn unserer Arbeit

Arbeit, was ist das?

Arbeit läßt sich schlecht vermeiden, doch wer schuftet, ist ein Schuft. So zumindest sieht es Erich Kästner.

Leben wir, um zu arbeiten oder arbeiten wir, um zu leben? So fragen uns immer wieder Ausländer, die über unsere tadellose exportorientierte Wirtschaft staunen.

Arbeit macht kaputt, sagt die Gewerkschaft.

Ohne Fleiß keinen Preis, sagt der Unternehmer.

Arbeit ist Kraft mal Weg, sagt die Physik.

Arbeit ist ein Produktionsfaktor, sagt die Volkswirtschaft.

Was sagt die Bibel?

Für die Bibel keine Hauptsache

Fast nichts. Sie sagt etwas zum Geschenk der Arbeit, zur Last der Arbeit und zur Verheißung der Arbeit. Aber das sollte nicht darüber hinwegtäuschen, daß für die Bibel das Thema »Arbeit« keine Hauptsache ist. So fällt z.B. auf, daß keines der Zehn Gebote das Thema »Arbeit« aufgreift.

Arbeit vor und nach dem Sündenfall

Arbeit vor dem Sündenfall unterscheidet sich von der Arbeit nach dem Sündenfall. Gott setzte den Menschen in den Garten Eden, damit er ihn bebaue und bewahre (1. Mose 2,15). Im Sündenfall rebelliert der Mensch gegen den Schöpfer, er fällt aus der Gemeinschaft mit Gott. Welche Folgen hat das für die Arbeitswelt? Jetzt heißt es: »Verflucht ist der Erdboden um deinetwillen. Mit Kummer sollst du dich darauf ernähren dein Leben lang. Dornen und Disteln soll er dir tragen. Im Schweiße deines Angesichts sollst du dein Brot essen, bis daß du wieder zur Erde wirst.«

Vorher: Gärtner

Vor dem Sündenfall ein Garten mit dem Menschen als Gärtner. Gott hat die Verantwortung, und das bewahrt die Natur vor der Ausbeutung.

Nachher: Ausbeuter

Jetzt hat der Mensch dem göttlichen Gesetzgeber den Rücken zugekehrt, deshalb wird auch die Natur nicht mehr bebaut und bewahrt, sondern Rohstoffe werden ausgebeutet, die Landschaft wird zersiedelt, die Atmosphäre

vergiftet. Wird die Erde unbewohnbar werden? Damit einher geht eine Vergötzung der Berufsarbeit. Der Mensch muß ständig beweisen, daß er ein Kerl ist und etwas zuwege bringt. Einerseits stöhnt er über die Fülle der Arbeit, andererseits kann er ohne diese gottlose Hektik nicht mehr leben. In der Todesanzeige heißt es dann: »Arbeit war sein ganzes Leben.«

Krise im Alter

Wer in der Arbeit seine Erfüllung sieht, gerät spätestens beim Schwund der Arbeitskraft in eine Krise. Plötzlich ist man aus der Glaubensgemeinschaft der Leistenden entlassen. Die Probleme beginnen.

Was hat das nun alles für den Christen zu bedeuten?

Ewigkeitliche Bedeutung der Arbeit

1. Jede Tätigkeit bekommt ewigkeitliche Bedeutung.

Paulus schreibt es in dem Brief an die Kolosser so: »Alles, was ihr tut, das tut von Herzen als dem Herrn und nicht den Menschen« (Kol. 3,23).

Wozu Leute fähig sind, die ihre Arbeit Gott zur Ehre tun, hat der Soziologe Max Weber in seinem Werk »Die protestantische Ethik und der Geist des Kapitalismus« untersucht. Wo Menschen mit der Bibel in der Hand ihre Arbeit tun, geschehen erstaunliche Dinge. Im Zusammenhang mit dem Reformator Calvin hat ein enormer Anstieg des Wohlstands und des Kapitals Aufsehen erregt. Menschen, die von dieser Erweckungsbewegung ergriffen waren, hatten eine besondere Qualität. Sie waren ehrlich, fleißig, sparsam und machten gute Qualitätsarbeit. Auf ihren Kassenbüchern stand: »Zur größeren Ehre Gott dem Herrn!«

Bis heute zehren wir im süddeutschen Raum von dieser Entwicklung. Eine gesunde mittelständische Industrie, exportorientiert und mit hohem Spezialisierungsgrad, lebt auch heute noch von diesem Erbe, auch wenn die Auszehrungserscheinungen offensichtlich sind.

Sinnvoll, weil Gott der Arbeitgeber ist

2. Arbeit wird sinnvoll, wo Gott der Arbeitgeber ist.

Der Christ weiß: »Ich bin von Gott auf meinen Platz gestellt.« Somit ist Gott der wirkliche und einzige Arbeitgeber. Daran hängt Entscheidendes. Denn ob eine Arbeit fröhlich getan wird oder mißmutig, ist nicht eine Frage der Arbeit, sondern des Geistes, aus dem heraus diese Arbeit getan wird.

Immer wieder falle ich darauf herein. Jemand bewirbt sich und beklagt sich über seine bisherige Arbeit. Wenn er nur diese oder jene Stelle bekommen könnte, dann wäre er begeistert bei der Sache. Was passiert? Sie geben einem unlustigen und mißmutigen Individuum einen anderen Aufgabenbereich, und es ändert sich überhaupt nichts. Nehmen Sie einen unlustigen und mißmutigen Vorarbeiter und machen Sie ihn zum Meister. Was gibt das? Einen unlustigen und mißmutigen Meister! Durch eine Beförderung ändert sich die Einstellung kein bißchen. Es ist eben nicht eine Beförderung oder größere Herausforderung, die jemanden charakterlich weiterbringt. Es ist das Verhältnis, das er zu Gott hat. Deshalb heißt der goldene Satz an dieser Stelle: Die Arbeit, die Sie tun, wird nicht Ihren Geist prägen, jedoch die Arbeit, die Sie tun, wird Ihren Geist offenbaren.

Zwänge akzeptieren

3. Arbeiten heißt auch: zu Zwängen ja sagen.

Der Sohn eines Zimmermanns wurde in Nazareth eben Zimmermann. Der heutige Lehrstellenmarkt hat nun eben einmal mehr Stellen für Maurer, Bäcker und Metzger als z.B. für Reisebürokaufleute. Die Erhaltung eines Familienbetriebes kann einen Zwang für den heranwachsenden Junior bedeuten usw.

In der Abhängigkeit von Gott gilt es, das Richtige zu erkennen und zu tun. Das Alte Testament bietet hier ein gutes Beispiel:

Eines Tages bekommt der Prophet Samuel eine wunderbare Aufgabe. Er soll einen König krönen. Und so machte Samuel den Saul zum König.

Einige Jahre gingen vorbei, und Samuel hatte eine andere Arbeit zu erledigen. Jetzt war es seine Aufgabe, Saul die Krone wegzunehmen.

War eine dieser Aufgaben eine gute Sache und die andere schlecht? Nein, denn Gott selbst hat ihn beauftragt, diesen König zu krönen und dann, ihm die Krone wieder wegzunehmen.

Dieses Beispiel scheint mir wichtig, da unsere Gesellschaft nach anderen Maßstäben handelt: Krönen ja – wegnehmen auf keine Fall.

Den Nächsten einbeziehen

4. Arbeit soll auch den Nächsten mit einbeziehen.

Arbeit ist nicht Privatsache, sondern – für den Christen – immer auch Mittel zur Nächstenliebe. Arbeit ist immer auch Zusammenarbeit.

In unserer Firma haben wir zusammen mit den Mitarbeitern eine Unternehmensphilosophie, also Unternehmensgrundsätze, formuliert. Darin sind die Regeln, nach denen Mitarbeiter und Unternehmensleitung gemeinsam arbeiten, beschrieben. Z.B. ist klargestellt, daß der Mitarbeiter als Partner mit bestimmten Bedürfnissen gesehen wird. Da ist das Bedürfnis nach Information und aktiver Einbeziehung in das Unternehmensgeschehen, da ist das Bedürfnis nach einem optimalen Handlungsspielraum, da ist das Bedürfnis nach Lob und Anerkennung, vor allem aber danach, daß Leistung sichtbar und meßbar gemacht wird. Um der letzten Erwartung nachzukommen, haben wir eine monatliche Gewinnbeteiligung. Durch monatliche Bilanzierung und anschließende Auszahlung von Gewinnanteilen soll eine vollständige Unternehmenstransparenz hergestellt werden.

Arbeit ist Lebensmittel

5. Der Christ arbeitet, um existieren zu können.

In der Arbeit geht es um das tägliche Brot, das ohne Arbeit nicht zu sichern ist. Daß die Arbeit den Menschen erst zum Menschen, das Leben erst zum Leben macht, steht nicht in der Bibel.

Die Arbeit erfährt im Neuen Testament keine Verklärung und keine Idealisierung. Sie ist schlicht – Lebensmittel.

Und in der Ewigkeit?

Im letzten Buch der Bibel, der Offenbarung des Johannes, erfahren wir, daß in der Ewigkeit keine Arbeit in diesem Sinne stattfindet. In der Offenbarung ist nicht von Arbeit, sondern von Dienst die Rede: Dienst ist Arbeit ohne Sünde. Dienst ist ruhen und tun in höchster Vollendung.

Christen sind Menschen, die jetzt schon mit dem Bürgerrecht der neuen Welt Gottes ausgestattet sind. Sie freuen sich auf den Tag, der nicht nur sie verwandeln, sondern auch die Verhältnisse erneuern wird.

31. Schreckgespenst Arbeitslosigkeit

Aussichtslos – aber nicht mutlos

Arbeitslosigkeit ist nicht neu

»Ein schweres Schicksal ist über unser Volk hereingebrochen: Der Schrecken einer riesenhaften Arbeitslosigkeit. Und nicht nur über unser Volk, sondern über die ganze Weltwirtschaft. Während in Deutschland etwa viereinhalb Mio. arbeitslos sind, rechnet man in England mit zweieinhalb Mio., in Amerika mit sechs bis sieben Mio.« So war es 1931 – also vor über 50 Jahren – in der christlichen Jugendzeitschrift »Jugendhilfe« zu lesen.

Zweigeteilter Markt

Heute haben wir einen zweigeteilten Markt. Viele von uns sind völlig überarbeitet und überlastet. Seit Jahren war kein Urlaub mehr drin. Andere Menschen schreiben Bewerbung um Bewerbung, und nichts tut sich. Zu Beginn eines jeden Monats hat dann der Präsident der Bundesanstalt für Arbeit in Nürnberg das Wort. Presse, Funk und Fernsehen informieren ausführlich darüber, was er mitzuteilen hat: die neuesten Zahlen für die Beschäftigungssituation in der Bundesrepublik.

Gott will, daß wir arbeiten

Gott will, daß wir arbeiten (1. Thess. 4,11-12). Es ist nicht Gottes Wille für uns, daß wir arbeitslos sind, oder daß wir nicht arbeiten. Darum will und wird Gott uns auch Arbeit verschaffen. Wir müssen allerdings bereit sein, die Arbeit anzunehmen, die er uns anbietet. Das kann eine weniger qualifizierte Arbeit sein oder auch der Auftrag, etwas ganz Neues zu riskieren. Manch einer ist zu festgefahren in seinen eigenen Vorstellungen und Wünschen. Seien Sie offen.

Hat Gott für mich eine neue Aufgabe?

Nicht selten hat Gott persönliche Krisenzeiten und Einschnitte im Leben gebraucht, um eine neue Berufung auszusprechen. Gerade der Arbeitsverlust kann eine solche Weichenstellung sein. Dies gilt es in aller Stille zu prüfen. Gott kann Türen verschließen, um eine neue zu öffnen. Grundsätzlich sollten Sie für alles offen sein: Berufswechsel, Wohnortwechsel, auch die Berufung in einen hauptamtlichen Dienst bei der Kirche oder einer anderen christlichen Organisation ist denkbar.

Die Zeit verantwortlich nutzen

Der Verlust des gewohnten Tagesablaufes und die reichlich zur Verfügung stehende Zeit führen leicht dazu, »sich gehenzulassen«. Als Christen dürfen wir auch in einer solchen Situation keine Zeit verschwenden, sondern müssen lernen, die Zeit auszukaufen. Am besten geschieht dies, wenn man sich von Anfang an an einen geregelten Tagesablauf hält.

Zum verantwortlichen Nutzen der Zeit gehört auch das Aufsuchen eines Berufsberaters, das Aufnehmen von

Kontakten mit Berufs- und Fachverbänden; dabei ist persönliches Erscheinen immer besser als ein Telefonanruf. Übrigens: Hartnäckigkeit und Beharrlichkeit zeugen von Charakterstärke.

Auf einen geordneten Lebensstil achten

Ohne eine gute Planung der Freizeit breitet sich schnell ein Lebensstil nach Lust und Laune aus. Von Dietrich Bonhoeffer stammt der Satz: »Nur der zuchtvolle Mensch ist ein freier Mensch.« Bonhoeffer hat sich während seiner langen Gefängnishaft sehr schnell einen festen, geordneten Tagesrhythmus mit bestimmten Aufgaben geschaffen, um den dauernden Anfechtungen begegnen zu können.

Mitarbeit in der Gemeinde

Der Arbeitslose sollte aus eigener Initiative in seiner Gemeinde nach Aufgaben fragen. Schließlich gibt es bei Gott keinen Arbeitslosen. Jeder wird gebraucht.

Auszubildende werden wieder Mangelware

Übrigens: Noch in diesem Jahrzehnt wird der »Pillenknick« die Situation drastisch ändern, geradezu auf den Kopf stellen: Arbeitsmarktexperten sagen voraus, daß Auszubildende dann zur dringend gesuchten Mangelware werden. Das wird zwar noch einige Jahre brauchen, aber dann wird es wieder sein wie in den »guten alten Zeiten«. Arbeitgeber werden dann wieder wie zu Zeiten des Wirtschafts-Booms versuchen, sich junge, ausgebildete Fachkräfte gegenseitig abzujagen.

32. Askese ist positiver Streß

Unzeitgemäß leben

Askese – was ist das?

Askese ist ein kaum genug zu schätzender »Entstresser«. Im griechischen Wortgebrauch ist der Asket einer, der auf alle möglichen Dinge verzichtet, um damit die Widerstandskräfte des Körpers zu stärken. Askese heißt, bewußt zu verzichten, bewußt nein zu sagen bzw. auszuwählen statt nur wahllos zu konsumieren. Askese ist der Verzicht auf Zerstreuung und damit die Chance der inneren Sammlung. Askese hilft, Wesentliches von Unwesentlichem zu unterscheiden. Askese gibt den Mut zum Durchbrechen von bestimmten Gewohnheiten, z.B. des »Sich-berieseln-

Lassens« oder des »Sich-treiben-Lassens«. Askese gibt den Mut, auf bestimmte Literatur und auf ein Zuviel an Fernsehen und Zeitschriften zu verzichten. Kurzum: Askese ist eine Form der geistigen und willentlichen Selbstkontrolle. Es ist die Übung im Widerstand gegen das, was Leib, Seele und Geist zugrunde richtet. Es ist ein Gesundungsprozeß, der heute von vielen Menschen gesucht wird. Deshalb ist auch ein immer stärker wachsendes Angebot am Markt. Wählen Sie kritisch aus. Askese bedeutet auf keinen Fall Rückzug in die Unverbindlichkeit. Es heißt vielmehr für denjenigen, der sich verausgabt hat, die Stille zu suchen, aus der heraus neue Belastungen möglich werden.

Streß bei den Jüngern

»Was, Herr Pfarrer, die Jünger hatten auch schon Streß?« war die überraschte Feststellung eines jungen Mitarbeiters in der Gemeinde. Er hatte gerade die Stelle gelesen, wo Jesus Menschen heilte und alle auf ihn eindrängten, so daß er nicht einmal Zeit zum Essen hatte (Mark. 6,30-32). Jesus kann an einer anderen Stelle 5000 Menschen speisen – danach aber weicht er wieder in die Stille aus. An einer anderen Stelle wird beschrieben, wie Jesus diese Stille sucht, indem er ins Ausland ausweichen will. Da kommt die kanaäische Frau dazwischen. Daraus kann man sehen: Es gab immer mehr Aufgaben, als Zeit vorhanden war.

Askese ist bewußter Verzicht

Die These: »Alles ist erlaubt« findet in der Askese, die bereit ist zu verzichten, ihr Gegenüber. Askese ist Verzicht. Es ist mutmachend, wie es im christlichen Bereich immer

mehr Angebote der Stille, des Schweigens und des Fastens gibt. Wer wirklich etwas tun will, der findet einen Weg. Die anderen eine Entschuldigung.

Psalm 23

Der 23. Psalm in der Übertragung des Japaners Toki Hiyefnewi zeigt, wo unsere heutigen Bedürfnisse liegen:

»Der Herr gibt mir das Arbeitstempo an.
Ich brauche nicht zu hetzen.
Er verschafft mir immer wieder einige ruhige Minuten,
eine Atempause, wo ich zu mir kommen kann.
Er stellt mir beruhigende Bilder vor die Seele,
die mir wieder und wieder zur Gelassenheit verhelfen.
Oft läßt er mir die Dinge ganz mühelos und unversehens
gelingen, und ich kann erstaunlich groß sein.
Ich merke: Wenn man sich diesem Herrn anvertraut,
bleibt das Herz ganz ruhig.
Obwohl ich eine Überfülle an
täglichen Verpflichtungen habe,
so brauche ich doch nicht nervös dabei zu werden.
Seine stille Gegenwart befreit mich von aller Nervosität.
Weil er über aller Zeit und über allen Dingen steht,
verliert alles andere an Gewicht.
Oft, mitten im Gedränge,
gibt er mir ein ermutigendes Erlebnis.
Das ist, als ob mir einer eine Erfrischung darreicht.
Freude erfüllt das Herz,
und eine tiefe Geborgenheit umfängt einen.
Ich spüre, wie mir daraus eine Tatkraft
förmlich zuströmt,
und es ist mir klar geworden, daß,
wenn ich so mein Tagewerk ansehe,
eine große Ausgeglichenheit erwächst,
und Gelingen mir gegeben wird.
Darüber hinaus macht es einfach froh zu wissen,
daß ich meinem Herrn auf der Spur bin
und daß ich allezeit bei ihm daheim sein darf.«

Askese? Ja. Streß und alle Zivilisationskrankheiten, die hiermit einhergehen, lassen sich nur überwinden, wenn wir uns selbst überwinden.

33. Ist Streß ungeistlich?

Berufsstreß – eine geistliche Frage

Sorgen sind eine Streßbelastung

Vielleicht war es eine chaotische Woche, die jetzt hinter Ihnen liegt. Vielleicht eine Woche voller Höhen und Tiefen, die jetzt vor Ihnen liegt. Sie fangen an zu resignieren und beten: »Herr, hilf mir, diese Woche zu überleben.« Plötzlich merken wir, wie eng unser geistliches Leben, mit der »Streßfrage« verbunden ist.

In diesem Buch wurde der arbeitsmethodische Bereich, der Bereich der Zielsetzung und der Planung, sehr ausführlich dargelegt. Und tätsächlich, hier läßt sich sehr viel verändern. Andererseits gibt es Dinge, die man durch Ärmelaufkrempeln, durch bloßes Arbeiten und Organisieren nicht in den Griff bekommt.

Arbeitstechnik und Gebet – beides zu seiner Zeit

Überhaupt meine ich, daß wir unter den vielen Aufgaben viel zu wenig trennen. Einiges ist eben nur durch Organisation und saubere Arbeitstechnik zu lösen. Anderes – und das muß genauso eindeutig gesagt werden – ist nur

durch Gebet zu lösen. Wie gesagt, wir trennen hier nur sehr unscharf. Oft wollen wir Probleme, die nur organisatorisch zu packen sind, lösen, indem wir in das Gebet flüchten, und andererseits versuchen wir, Probleme organisatorisch zu lösen, die nur im Gebet, durch Fasten und auf den Knien entschieden werden können.

Wenn uns die Arbeit überrollt, wenn Sorgen drücken, wenn uns ein Problem umtreibt und organisatorisch einfach nicht in den Griff zu bekommen ist, dann meine ich, gilt hier der goldene Satz: »Die Lösung des Problems ist nicht die Lösung des Problems.« »Wie?«, werden Sie fragen, »Die Lösung des Problems ist nicht die Lösung des Problems?« Nein. Die Lösung des Problems ist nicht die Lösung des Problems, die wirkliche Lösung des Problems ist Jesus. Wenn ich nicht mehr auf meine Probleme und Sorgen schaue, sondern meinen Blick auf Jesus richte, dann erscheinen plötzlich alle Nöte und Sorgen in einem ganz anderen Licht.

Berufsstreß ist eine geistliche Frage

Die Frage nach dem Berufsstreß ist also gleichzeitig auch immer eine geistliche Frage. Luther hat das so formuliert: »Wenn ein Tag vor mir liegt, an dem ich viel arbeiten muß, dann weiß ich, daß ich an diesem Tag auch besonders viel beten muß.«

Wie wird man mit Überarbeitung fertig? Gibt es dafür eine Formel?

Gott hat einen Plan

Hier ist der Schlüssel: Gott kontrolliert Ihr Leben, und er will es zur Entfaltung bringen. Die Suche nach einem erfüllten Leben ist an ihrem Ziel angekommen, wenn erkannt wird, daß Gott dieses Leben kontrolliert. Er hat einen Plan. Es ist kein kleinkarierter, sondern ein groß angelegter Plan. Voraussetzung ist, daß wir die Nähe zu Gott pflegen, dann werden wir neu inspiriert und fröhlich.

Gott handelt

Wenn wir unter Streß und Überarbeitung leiden, dann handelt es sich um eine kurze Phase, in der Gott entweder
- eine mir zugedachte Antwort verzögert;
- zeigen will, daß eine neue Richtung notwendig ist, weil wir Dinge tun, zu denen wir keinen Auftrag haben;
- uns noch stärker führen will;

– unser Denken erweitern will;
– uns demütigen will, damit uns neue Freude und neue Stärke nicht hochmütig machen können;
– uns prüfen will.

Was kann man in einer solchen Zeit der Überarbeitung tun? Eigentlich nur vier Dinge: Beten, gehorchen, den Preis bezahlen und »dranbleiben«.

1. Beten

Gottes Willen zulassen

»Gott, ich will, daß dein Wille in meinem Leben geschieht.« Viel innerer Streß entsteht, weil man nicht bereit ist, dieses Gebet zu beten. Man will diesen ersten Schritt nicht tun. Diese Menschen wissen genau, was sie wollen, und Gott steht ihnen dabei im Weg. Nun ist aber Gebet kein Mittel, um den Himmel auf die Erde zu bringen, und um zu erhalten, was wir wollen.

Gebet bringt uns zu Gott

Ich möchte ein Bild gebrauchen: Wenn man in einem kleinen Boot sitzt und sich dem Strand nähert und dann den Anker auswirft, dann gräbt der Anker sich in den Grund. Wenn man jetzt an der Ankerschnur zieht, und das Boot sich dann in Richtung Strand bewegt, was hat man dann getan? Hat man den Strand zum Boot hinbewegt? Nein, natürlich hat man das Boot zum Strand hinbewegt.

So ist es auch mit dem Gebet. Durch Gebet wird nicht Gott zu uns bewegt, aber wir bewegen uns in Richtung Gott, so daß unser Wille dem Willen Gottes ähnlicher wird.

Beten Sie, daß Sie dem Willen Gottes gegenüber offen sind und das wollen, was er will. Beten Sie darum, daß Sie trotz des Stresses die Stimme Gottes mitten in diesem Sturm verstehen.

2. Hören und Gehorchen

Achten Sie auf Veränderungen

Nachdem Sie gebetet haben, achten Sie auf Veränderungen. Viele Menschen werden deshalb nicht glücklich, weil sie verborgene Sünden haben. Sie leben nicht richtig und auch nicht konsequent und sie wissen es. Weil sie Gott nicht gehorchen, können sie Gottes Kraft in ihrem Leben nicht erfahren. Gottes Botschaft hören sie nicht, weil sie sich auch nicht innerhalb seiner Rufweite aufhalten. Solange wir nicht Gott gehorchen, kommen wir auch nicht in seine Nähe, weil wir uns mit unserer Schuld fürchten. Nehmen Sie sich Zeit, Ihr Gewissen zu erforschen und Sünde beim Namen zu nennen.

3. Den Preis bezahlen

Christsein ist mit Opfern verbunden

Wenn gebetet wurde und Sie zum Gehorchen bereit sind, dann müssen Sie sich überlegen, ob Sie auch bereit sind, den Preis zu bezahlen. Das christliche Leben ist immer mit Opfern verbunden. Jesus konnte seine Aufgabe ohne Kreuz nicht erfüllen. Es gibt auch in Ihrem Leben einen Punkt, wo Sie bereit sein müssen, sich selbst zu verneinen und den Preis zu bezahlen. Vielleicht ist gerade der Streß, den Sie im Moment durchmachen, der Preis, den Sie bezahlen müssen, um neue Stärke zu gewinnen. Vertrauen Sie Gott. Er ist dabei.

4. »Dranbleiben«

Haben Sie Geduld

Damit sind wir beim letzten Punkt. Bleiben Sie »dran an Gott«. Geben Sie nicht auf. Was Sie jetzt brauchen ist Geduld. Neue Stärke und Fröhlichkeit liegen vor Ihnen. Vertrauen Sie Gott. Glauben Sie weiterhin an Gott. Geben Sie nicht auf. Gott verzögert manchmal Dinge, aber solche Verzögerungen sind noch lange keine Absagen Gottes. Ihr Leben entwickelt sich genauso, wie es sich aus Gottes Sicht entwickeln sollte.

Woher kann ich die Sicherheit nehmen, daß das so ist? Nun, Gott hat es versprochen.

Biblische Zusagen

Sprüche 3,6: »Gedenke an ihn in allen deinen Wegen, so wird er dich recht führen.«

Psalm 32,8: »Ich will dich unterweisen und dir den Weg zeigen, den du gehen sollst, ich will dich mit meinen Augen leiten.«

Psalm 139,16: »Deine Augen sahen mich, als ich noch nicht bereitet war, und alle Tage waren in dein Buch geschrieben.«

Jesaja 46,3-4: »Ich habe euch geschaffen und getragen vom Mutterleibe an. Auch bis in euer Alter bin ich derselbe, und ich will euch tragen bis ihr grau werdet. Ich habe es getan; ich will heben und tragen und erretten.«

Die stärkste Kraft in der Welt ist eine Haltung des Dankens und Lobens bei einem Menschen, der seinen Weg mit Gott geht.

Jörg Knoblauch

Lernstreß ade!

33 erprobte Strategien für geistiges Arbeiten

Mit etwa 60 Zeichnungen
136 Seiten, ABCteam-Paperback, Bestell-Nr. 12481

Knoblauch, selbst Unternehmer und erfahrener Mitarbeiter in Gemeinde- und Mitarbeiterschulung, schreibt für alle, denen die gemeindliche und schulisch/berufliche Arbeit über den Kopf zu wachsen droht.

Das Buch ist leicht lesbar und treffend geschrieben. Zahlreiche Graphiken und hervorgehobene Merksätze erleichtern den Zugang. Die vielen praktischen Anregungen werden durch Hinweise auf weiterführende Literatur und Hilfsmittel ergänzt. Abgerundet werden die Strategien mit »27 kleinen Lebensregeln« und mit »22 Zeitspartricks«, welche die Ratschläge Knoblauchs in kurzer, praktischer Form bündeln. Nicht jeder wird das Buch als Lebenskonzept übernehmen wollen. Die 33 Strategien bilden keine Burg, in die man als Christ und Mitarbeiter einzuziehen hat, sondern eher einem Steinbruch, aus dem sich wertvolle Anregungen holen lassen.

D I S G

1. Persönlichkeits-Profil

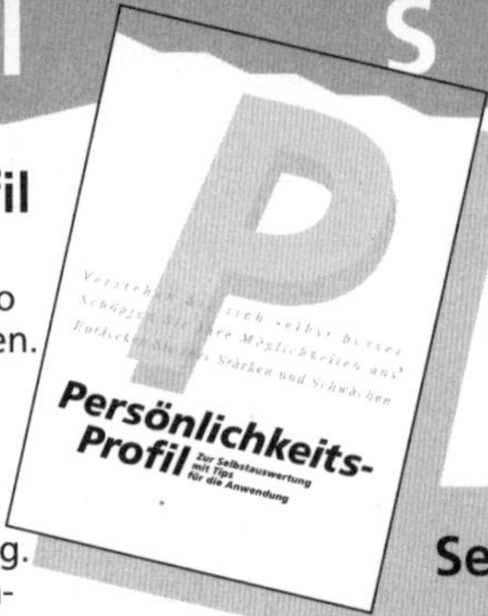

Erfolgreiche Menschen wissen, wo ihre Stärken und Schwächen liegen. Schaffen auch Sie die Voraussetzungen für Spitzenleistungen bei sich selbst und in Ihrem Umfeld.

Das Profil ist zur Selbstauswertung. Neben einem genauen Persönlichkeits-Profil liefert es Ihnen den theoretischen Hintergrund und die entsprechende Anwendung in der Praxis.

Best.Nr. PPS01 **48,–**

2. Das Partner-Profil

Dieses Paket besteht aus 2 Persönlichkeits-Profilen. Zusätzlich erhalten Sie eine individuelle Beurteilung im Blick auf Ihren Partner. Anhand dieser Unterlagen erkennen Sie, wie sich Streit vermeiden läßt und wie eine gegenseitige Ergänzung möglich ist.

Best.Nr. PPS02 **99,–**

3. Der christliche Persönlichkeits-Test

Dieser entspricht dem „Persönlichkeits-Profil", jedoch erhalten Sie zusätzliche Informationen über die Bedeutung Ihrer Stärken und Schwächen für ein Engagement als Christ in der Gemeinde.
Sie erfahren auch, welche biblischen Gestalten Ihrer Persönlichkeitsstruktur am nächsten kommen.

Best.Nr. PPS03 **48,–**

Seminar

Im Seminar **„Sich und andere besser kennenlernen"** erkennen Sie anhand des Persönlichkeits-Profils Ihre Stärke und Schwächen.
Sie erarbeiten auch ein Konzept, wie Sie ein effizientes und schlagkräftig Team aufbauen.

Angebot für Trainer und Personalberater
Erwerben Sie sich eine Lizenz und werden sie qualifizierter DISG-Train Bitte setzen Sie sich mit Frau Seessle Verbindung.

DISG-Training, W-7928 Giengen
Tel. (0 73 22) 1 36 48

(Bitte fordern Sie unseren Prospekt an)

4. Unternehmens-Profil

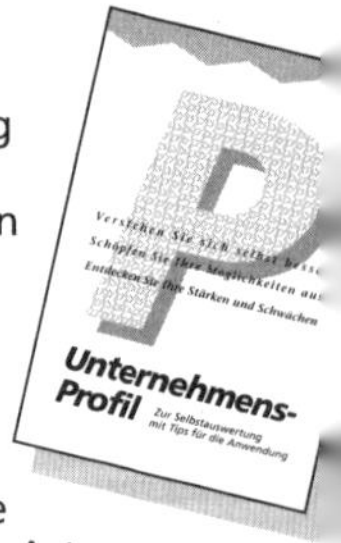

Organisationsanalyse durch Mitarbeiterbefragung

Wir alle wissen: In den Köpfen der Mitarbeiter schlummert Kapital, das es abzurufen gilt. Diese Befragung gibt Ihnen die Möglichkeit, mit Hilfe Ihrer Mitarbeiter eine Art „Röntgenbild" Ihres Unternehmens zu erstellen. Ob die Unternehmung „gesund" oder „krank" ist, läßt sich nun durch die Beantwortung weniger Fragen feststellen.

Bitte fordern Sie unseren Prospekt an:
DISG-Training
Postfach 1420
W-7928 Giengen